浙江越秀外国语学院出版基金资助

高管薪酬激励

对非效率投资的影响研究

左雪莲 ◎ 著

中国财经出版传媒集团

经济科学出版社

Economic Science Press

图书在版编目（CIP）数据

高管薪酬激励对非效率投资的影响研究／左雪莲著.
—北京：经济科学出版社，2021.9
ISBN 978 - 7 - 5218 - 2948 - 8

Ⅰ. ①高…　Ⅱ. ①左…　Ⅲ. ①企业 - 管理人员 - 激励 -
影响 - 投资行为 - 研究 - 中国　Ⅳ. ①F830. 59

中国版本图书馆 CIP 数据核字（2021）第 202837 号

责任编辑：张　蕾
责任校对：李　建
责任印制：王世伟

高管薪酬激励对非效率投资的影响研究
左雪莲　著
经济科学出版社出版、发行　新华书店经销
社址：北京市海淀区阜成路甲 28 号　邮编：100142
编辑工作室电话：010 - 88191375　发行部电话：010 - 88191522
网址：www. esp. com. cn
电子邮箱：esp@ esp. com. cn
天猫网店：经济科学出版社旗舰店
网址：http://jjkxcbs. tmall. com
北京季蜂印刷有限公司印装
710 × 1000　16 开　9 印张　180000 字
2021 年 11 月第 1 版　2021 年 11 月第 1 次印刷
ISBN 978 - 7 - 5218 - 2948 - 8　定价：79. 00 元
（图书出现印装问题，本社负责调换。电话：010 - 88191510）
（版权所有　侵权必究　打击盗版　举报热线：010 - 88191661
QQ：2242791300　营销中心电话：010 - 88191537
电子邮箱：dbts@ esp. com. cn）

前　言

投资是我国宏观经济增长的重要动力，也是微观企业未来发展及价值提升的基础，然而，现实中宏观层面的高投资与微观层面的非效率投资并存。我国上市公司普遍存在的非效率投资不仅损害了股东财富，造成社会资源的浪费，还阻碍了企业的可持续发展进而影响到国民经济的增长。委托代理理论认为，在两权分离的现代企业制度中，委托代理冲突是企业非效率投资的重要原因，由于股东和经理人之间的利益目标不一致，高管在"帝国建造""管理者防御"等动机的驱使下，通过非效率投资行为谋取个人私利。而高管薪酬激励制度作为公司治理的核心机制，被认为是缓解高管与股东之间委托代理冲突的重要手段。学者们相继通过验证高管薪酬激励与企业绩效之间的相关关系，证实目前我国已基本构建了以企业绩效为基础的高管薪酬激励制度，但现实层面，我国高管薪酬异象频发，"零薪酬"与"天价薪酬"并存，高管薪酬激励制度尚不够完善。那么，我国上市公司高管薪酬激励制度是否对企业非效率投资产生了应有的治理作用呢？另外，在国有企业改革过程中，伴随着政府权力的不断下放，高管权力日益膨胀，进而衍生出了严重的内部人控制问题。高管权力膨胀导致了权力寻租的动机，企业投资行为一定程度上沦为高管权力寻租的"合理"手段。那么，高管权力是否加剧了企业非效率投资？高管薪酬激励对非效率投资的治理作用是否受到高管权力的影响？然而，投资决策不仅受企业内部治理机制及外部制度环境的影响，更重要的是受决策者个人动机的影响，高管无疑对公司投资决策的制定和执行起着至关重要的作用，高管决策动机一定程度上决定了高管投资行为，作为内部隐性特征的高管职业生涯关注对高管决策动机有着重要影响，进而对高管投资行为产生作用，那么，高管职业生涯关注对企业非效率投资到底有着怎样的影响？进而对高管薪酬激励与企业非效率投资之间的关系又起到了怎样的作用？理论界关于高管薪酬激励对企业非效率投资的影响研究，总体来说尚存在以下不足之处：一方面，尚没有形成系统的分析框架，大多从高管货币薪酬或股权激励某个单一指标来进行研究，存在一定的片面性；另一方面，在研究结论方面，尚未达成一致的观点，主要原因在于目前研究大多集中在"薪酬激励—投资行为"简单的二元分析框架方面，缺乏对相关情境因素的考虑，尤其是把高管看成是同质的，没有打开高管薪酬激励影响企业非效率投资的操作"黑箱"与作用路径。

基于此，本书以 2012～2016 年我国 A 股上市公司为样本，综合委托代理理论、最优契约理论、高管权力理论、职业生涯关注理论，结合规范的实证分析，从作为高管外部治理特征的高管权力及作为高管内部隐性特征的职业生涯关注两个视角来系统研究高管薪酬激励对企业非效率投资的影响。本书在梳理和评述国内外研究现状的基础上，围绕以下五部分内容展开深入研究。第一，对关键概念进行界定，梳理研究的理论基础。本书将高管界定为代理人身份，主要是指包括总经理、副总经理、董事会秘书、财务总监等在内的公司执行层面的高级管理人员，不包括董事和监事层面的人员；将企业非效率投资界定为公司投资偏离最优投资水平的程度；将高管权力界定为在公司内外部治理及监督机制不完善的情况下，高管所拥有的执行自身意愿的综合能力，主要是指能够对薪酬制定、企业战略决策等产生某种预期效果的能力。根据本书研究所需，介绍了相关理论基础。第二，从理论上深入分析高管权力和职业生涯关注视角下的高管薪酬激励与企业非效率投资之间的关系，形成系统的分析框架，并提出相应的理论假设。基于委托代理理论和最优契约理论，从高管货币薪酬、股权激励、薪酬结构、薪酬的协同效应四个维度来系统阐释高管薪酬激励对企业非效率投资的影响机理。在高管权力理论的基础上，综合高管"代理人"和"管家"双重角色，从高管权力的三个维度，即高管所有权权力、高管结构权力、高管专家权力，深入剖析高管权力对企业非效率投资的影响以及对高管薪酬激励与企业非效率投资之间关系的调节作用。在职业生涯关注理论的基础上，将高管职业生涯关注度划分为高、中和低三个阶段，研究其对企业非效率投资的影响以及对高管薪酬激励与企业非效率投资之间关系的调节效应。并据此提出本书的研究假设。第三，变量的度量与模型的构建。在变量的度量方面，因变量为企业非效率投资，借鉴

Richardson 模型的残差来度量非效率投资；自变量为高管薪酬激励，包括高管货币薪酬、股权激励及薪酬结构；调节变量为高管权力与职业生涯关注，高管权力分为高管结构权力、所有权权力与专家权力，采用年龄作为职业生涯关注的代理变量；同时，选取公司成长性、企业业绩、现金流量、公司规模、管理费用率、大股东占款、产权性质作为研究中必要的控制变量，并且同时控制了年度和行业。根据前面的理论分析与研究假设，构建多元回归模型。第四，实证研究。首先，对各变量进行描述性统计分析。其次，对各变量进行相关性分析，以初步验证理论模型构建的合理性。再次，采用 STATA14.0 进行多元回归分析，得出如下研究结论：从主效应来看，高管货币薪酬显著缓解了企业非效率投资行为；高管股权激励与企业非效率投资之间呈显著的"U"型关系；高管薪酬结构有效抑制了非效率投资现象；高管货币薪酬与股权激励具有协同效应，共同降低了企业非效率投资水平。从高管权力的调节效应来看，高管结构权力加剧了企业非效率投资，并弱化了高管薪酬激励对非效率投资的治理作用；高管所有权权力也恶化了企业非效率投资，并抑制了高管薪酬激励对非效率投资的治理作用；而高管专家权力显著缓解了企业非效率投资，并强化了高管薪酬激励对非效率投资的治理作用。从职业生涯关注的调节效应来看，当高管职业生涯关注度越高或越低时，企业非效率投资现象越严重，并且抑制了高管薪酬激励对非效率投资的治理作用；当高管职业生涯关注度处于中等水平时，企业非效率投资现象得到缓解，并且强化了高管薪酬激励对非效率投资的治理作用。最后，对研究进行稳健性检验，采用滞后一期的解释变量以控制内生性问题；替换变量进行检验，发现大部分检验结果与前面一致。第五，研究结论与启示。总结研究得出的结论，发现研究的不足之处，并结合我国具体情况，提出完善我国上市公司高管薪酬激励制度，强化我国上市公司高管权力的监督约束与激励机制等相关建议，以期为我国上市公司非效率投资的治理提供参考和借鉴。

　　本书的研究贡献在于：第一，丰富和发展了高管薪酬激励效应研究。从高管货币薪酬、股权激励、薪酬结构、激励的协同效应四个维度深入剖析高管薪酬激励对企业非效率投资行为产生治理作用的本质过程，是对高管薪酬激励效应相关理论研究的有益补充。第二，填补了对高管薪酬激励与企业投资行为之间作用机理研究的空白，丰富和拓展了企业投资理论。摒弃以往关于高管薪酬激励与非效率投资的二元分析框架，从高管内外部特征的视角解释了高管薪酬激励影响企业非效率投资行为的两条作用路径，系统构建了高管薪酬激励、高管权力、职业生涯关注与企业非效率投资的统一分析框架，丰富和拓展了企业投资理论。第三，突破了高管权力"代理人"的研究视角，丰富和拓展了高管权力理论。通过把高管权力分为三个维度，发现高管各个不同权力维度发挥的作用不一样，高管在所有权权力和结构权力的驱使下往往表现为"代理人"角色，而在专家权力的驱动下则更多地表现为"管家"角色，研究深化和拓展了高管权力理论。

目 录
Contents

| 1 |

绪　　论

1.1　研究背景

1.1.1　现实背景

（1）宏观层面的高投资与微观企业的非效率投资并存。

毋庸置疑，投资对微观经济和宏观经济的发展都起着至关重要的作用，对于企业来说，投资是未来现金流的重要来源，是企业成长和企业价值提升的动力；对于国民经济而言，投资是国民经济增长、经济发展的重要引擎。改革开放40多年来，我国经济迎来了高速发展，离不开投资在其中起到的重要促进和支撑作用。2007～2017年的全社会固定资产投资额情况如图1-1所示，我国全社会固定资产投资额一直呈现出稳步增长的态势，从2007年的137324亿元增长到2017年的641238亿元，年平均增长率高达20%多，尤其是在2008年政府4万亿经济刺激政策的带动下，2009年固定资产投资额的增长率更是高达30%。

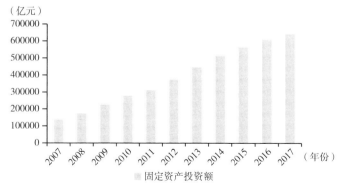

图1-1　2007～2017年全社会固定资产投资额

资料来源：根据国泰安数据库关于全社会固定资产投资额数据整理。

高速增长的投资一定程度上带动了经济的发展和国民经济的增长，但也带来了资源过度消耗、重复投资、产能过剩等问题。经济研究机构和政府经济部门研究认为，由于产能过剩，我国经济的增长速度已经进入了换挡期，前期的政策刺激需要通过结构性减速来消化，中国经济增速在"十三五"期间及以后将长期处于 L 型的中高速增长阶段，今后相当长一段时间，总需求低迷和产能过剩的局面将长期共存。因此，供给侧结构性改革将成为当前和今后相当长一段时期内的主要着力点，这就需要在消化过剩产能的同时，进行有效投资，增加有效供给，培育新的发展动力，推动转型升级。2017 年 10 月 18 日，习近平总书记在党的十九大报告中提出深化供给侧结构性改革，在"三去一降一补"的重要任务中，首要任务就是"去产能"，即化解过剩产能，报告还提出要深化投融资体制改革，发挥投资对优化供给结构的关键性作用。与此同时，又有一部分企业面临着融资约束，资金不足导致企业被迫放弃一些净现值大于零的优质项目，从而导致投资不足。张功富等（2009）采用我国两市 301 家工业上市公司为样本进行实证研究，发现我国上市公司存在着过度投资与投资不足并存的现象，其中约 39% 的上市公司存在过度投资现象，而另外约 61% 的上市公司则表现为投资不足。池国华等（2016）采用我国沪深两市的国有企业为样本，通过对企业非效率投资情况进行度量发现，约 38.9% 的上市公司存在着过度投资的情况，而另外约 61.1% 的公司存在着投资不足的现象。

宏观层面的投资热情高涨，微观层面的非效率投资现象突出，非效率投资一方面造成了社会资源的浪费和闲置；另一方面，从企业角度来看，无论是过度投资还是投资不足都不是最优的投资状态，从而影响了企业价值增长及长期发展，损害股东财富。只有降低企业非效率投资水平，才能实现企业的长期可持续发展，进而对国民经济起到增长动力的作用。因此，从企业非效率投资的动因着手，找到治理企业非效率投资的相关机制，成为实务界和理论界关注的焦点。

（2）高管薪酬激励对非效率投资的重要治理作用。

委托代理理论认为，企业非效率投资的主要原因是股东与经理人之间的委托代理冲突，在两权分离的现代企业制度中，高管拥有公司的资源配置权，他们出于帝国构建（Jensen，1986；Stulz，1990）、管理者防御（Shleifer and Vishny，1989；Hartzell et al.，2004）等私人收益的动机，往往并没有以公司价值最大化为原则进行投资，进而导致了过度投资或投资不足现象，投资行为一定程度上成为其获取个人收益及成就感的手段。而高管薪酬激励契约被认为是缓解股东和经理人之间代理问题的核心机制，最优契约理论认为，合理的高管薪酬设计能够实现经理人与股东之间的利益目标协同与激励相容，从而促使管理者做出有利于公司价值最大化的决策。

然而，目前我国上市公司高管薪酬激励制度尚不够完善，自 2005 年上市公司高管薪酬公开披露以来，高管薪酬激励问题一直是公众关注的焦点，究其原因，主要是由于存在着高管薪酬体系的乱象，如在国有企业中由于激励不足等原因导致的"59 岁现象"；"天价薪酬"与"零薪酬"并存的现象，尤其是 2007 年××银行的天价薪酬再一次把它推上了风口浪尖。我国针对完善上市公司高管薪酬激励机制方面也相继出台了一系列的措施和文件，2006年上市公司开始实施股权激励计划，以期发挥高管长期激励机制应有的作用；2008 年国资委颁布的《中央企业负责人薪酬管理暂行办法》等文件将中央企业高管薪酬水平与公司业绩挂钩；2009 年的《关于进一步规范中央企业负责人薪酬管理的指导意见》从薪酬水平、薪酬结构、在职消费等方面做出规定。在我国公司治理实践中，高管薪酬激励制度是否发挥了其应有的治理效应呢？学者们围绕高管薪酬与企业绩效的关系做了一系列研究，如李增泉（2000）研究认为：我国上市公司高管薪酬与企业绩效没有显著的相关关系；辛清泉等（2009）发现：伴随着我国市场化改革的不断推进，上市公司高管薪酬与企业绩效之间基本呈现了相关性特征。那么，更进一步，日益完善的我国上市公司高管薪酬激励机制对企业非效率投资是否起到了治理作用？是值得去深入挖掘和探讨的问题。

（3）高管权力与职业生涯关注对高管投资行为的重要影响。

芬克尔斯坦（Finkelstein，1992）提出高管权力是一种综合能力的体现，是促使企业的发展战略朝自身意愿发展的能力，并将其做了具体划分。权力作为高管特征的重要维度，拥有更多经营决策裁量权的高管，很容易将个人意志体现在公司战略和决策中（Liu and Jiraporn，2010）。管理者利用掌握的企业经营权，能够左右组织行为进而影响组织绩效，对企业的战略发展起着决定性作用（Coase，1937）。在我国特有的经济背景和制度环境下，上市公司主要由国有企业演化而来，在国有企业改革过程中，伴随着政府权力的不断下放，高管权力日益彰显，进而衍生出了严重的内部人控制问题。高管权力的膨胀导致了高管权力制衡的失效和权力的滥用等问题凸显，高管权力异化投资行为、损害投资效率的现象普遍存在（张功富、宋献中，2009；陈晓芸、吴超鹏，2013）。高管权力越大，其自由量裁权越大，企业投资决策更多地体现了高管个人意志，企业投资行为一定程度上沦为其权力寻租的"合理"手段。在我国，高管权力滥用所导致的投资异化现象亦比比皆是，在 2013 年和 2014 年进行的五轮巡视中，中央纪委对 14 家国有企业开展巡视工作，发现一些企业高管利用手中的权力通过重组改制、投资并购等活动获取大量个人私利。另外，当高管具有足够大的权力时，出于自利动机，其可以在很大程度上影响董事会对高管薪酬制度的制定与执行，甚至凌驾于董事会之上，从而达到自定薪酬的目的（Bebchuk and Fried，2002）。那么，高管权力对企业非效率投资到底有着怎样的影响？进而是否影响了高管薪酬激励对企业非效率投资的治理作用？

企业投资决策不仅受企业内部治理制度及外部环境的影响，更重要的是受决策者个人影响，高管作为企业最高行政人员，对公司战略决策等能够产生重大影响，从而最终影响到公司绩效（Mackey，2008；Liu and Jirapom，2010）。亚当斯和费雷拉（Adams and Ferreira，2007）构建的理论模型研究了高管对公司董事会决策的影响，虽然公司董事会可以对高管的决策和行为进行监督，但是高管作为企业最高行政人员具有较高的执行权力，他们不仅能够控制向董事会提交的材料，而且有能力影响董事会会议议程，这使得他们可以干预董事会获取的信息，从而影响其决策。同时，由于高管决策往往受到其个人特质的影响（Hambrick and Mason，1984），职业生涯关注作为高管内部隐性特征势必对高管的投资决策产生重要影响。职业生涯关注理论认为，股东和劳动力市场通过高管的当前业绩来推断其经营能力，并作为是否续聘的依据，进而影响到高管的未来收入及职业发展前景。因而高管在做决策时会考虑到对未来的影响，处于职业生涯早期的高管因考虑未来职业生涯还比较长，于是积极工作，努力提升企业绩效，而处于职业生涯晚期的高管则因即将结束职业生涯而出现决策保守或机会主义行为。在我国，因高管职业生涯关注的变化而引起的非效率投资现象也较为普遍，如 2001 年××集团爆发首次财务危机，在公司主营业务陷入低谷时，临近退休的总裁豪掷 5 亿元投资××健康城，希望能在火爆的房地产行业中获得超额回报以重振企业。那么，高管职业生涯关注的不同阶段对企业非效率投资有着怎样的影响？进而是否影响了高管薪酬激励与企业非效率投资之间的关系？

1.1.2　理论背景

詹森和麦克林（Jensen and Meckling，1976）基于委托代理理论，认为企业非效率投资是管理者为谋取私利而做出损害股东及债权人利益的投资行为，目前此类研究的解释主要有自由现金流、私有收益和管理者防御三种假说。自由现金流假说认为，当企业所拥有的自由现金较充沛时，管理者常常把这部分现金投入能够为自己带来私人利益的投资项目中，而不去考虑这些项目能否给公司带来预期收益，从而造成过度投资。私有收益的观点认为，高管会根据一项投资给自己带来的私有收益与私有成本来决定是否投资，如果私有收益大于私人成本，即使该项目的净现值小于零，高管也会进行投资，从而产生过度投资；相反，如果私人收益小于私人成本，那么即使该项目的净现值大于零，高管可能也会放弃该项目的投资，从而造成投资不足。另外，从管理者防御的角度来看，管理者可能会为了稳固其在公司的地位，彰显其不可替代性，重复投资于一些其专长领域的项目，也可能为了规避风险给其带来的声誉损失，而放弃一些优质但风险较大的投资项目。最优契约理论认为，设计合理的高管薪酬激励契约能够有效缓解股东和经理人之间的委托代理问题，促使高管做出公司价值最大化的经营决策。国内外学者围绕高管薪酬激励与企业非效率投资之间的关系也做了大量的实证研究，存在着高管薪酬激励能够对非效率投资起到显著的治理作用以及不存在显著的治理作用等不同观点。但总体看来，以往研究尚存在以下研究缺口：以往文献大多从高管货币薪酬或股权激励的某一视角出发，探讨高管薪酬激励对企业非效率投资的影响，尚缺乏对高管薪酬结构及高管薪酬激励交互效应的考量，而薪酬结构往往比薪酬水平更能发挥其激励效用（Mehran，1995），高管薪酬激励契约往往是由不同的子契约构成，不同子契约之间的协同与整合才能共同发挥薪酬激励契约的作用，因而，现有研究尚没有形成一个系统的高管薪酬激励影响企业非效率投资的研究框架。更为重要的是，以往研究大多把高管看作是同质的，在两权分离的现代企业制度中，高管对企业投资决策无疑起着举足轻重的作用，然而高管的异质性特征，如年龄、教育背景、权力、工作经历等不同均会影响高管的认知及思维进而影响其投资决策。对高管异质性这一重要情境因素的忽略是目前研究尚未达成一致意见的重要原因，导致不能很好地诠释高管薪酬激励对企业非效率投资的影响机理。相关文献表明，作为高管外部治理特征的高管权力及内部隐性特征的职业生涯关注均对高管投资决策产生重要的影响（Liu and Jiraporn，2010；谢珺、张越月，2015）。尤其是职业生涯关注理论已经受到国外学者的广泛关注，对其理论探讨领域逐渐从公司领域延伸到资本市场，采用的方法也更加灵活，不仅仅是借助模型分析，运用实证方法的研究也越来越多，最新研究还与实验经济学进行融合，但是还存在很大的研究空间，需要更多经验性的研究进行应用和拓展。职业生涯关注理论在公司决策尤其是投资决策中的应用前景十分广阔，令人遗憾的是这一理论尚没有引起国内学者的足够重视，国内学者对于这一理论还处于认识和消化阶段，如果能够与中国情境相结合，用于解释目前的非效率投资问题，则有望做出一点增量贡献。

1.1.3　研究问题

为填补以上研究背景中所提到的研究缺口，本书旨在回答以下三个研究问题：研究问题一：我国上市公司高管薪酬激励制度对企业非效率投资是否起到了应有的治理作用？其中，高管薪酬激励包括货币薪酬、股权激励、薪酬结构与薪酬激励的交互效应。研究问题二：高管权力对企业非效率投资有着怎样的影响？进一步地，高管权力对高管薪酬激励与企业非效率投资之间的关系起到了怎样的作用？研究问题三：高管职业生涯关注对企业非效率投资产生了怎样的影响？更进一步地，职业生涯关注对高管薪酬激励与企业非效率投资之间的关系起到了怎样的作用?

　　本书正是基于以上问题展开研究,将高管薪酬激励、高管权力、职业生涯关注与企业非效率投资纳入一个统一的分析框架中,试图为上述问题提供一个较为清晰的答案。本书立足于我国微观企业非效率投资的现状,基于高管权力和职业生涯关注的双重视角,结合委托代理理论、最优契约理论、高管权力理论和职业生涯关注理论,通过系统深入地规范研究与实证分析,考察我国上市公司高管薪酬激励对企业非效率投资的治理作用,以及高管权力与职业生涯关注对高管薪酬激励与企业非效率投资之间关系的调节效应,为进一步完善我国上市公司高管薪酬激励制度、加强对高管权力的监督约束与激励、改进上市公司高管选聘制度、完善公司治理机制提供理论借鉴和实践参考。

1.2　研究意义

1.2.1　理论意义

　　第一,本书系统揭示了高管薪酬激励对企业非效率投资的治理作用,丰富和发展了高管薪酬激励效应相关研究。本书在"激励—业绩"系列研究的基础上,从高管薪酬激励,主要是显性激励的四个视角,即高管货币薪酬、股权激励、激励的交互效应、薪酬结构来深入考察它们对企业非效率投资的治理作用,突破了以往文献从货币薪酬或股权激励单一视角进行研究的局限,把薪酬结构及薪酬交互效应纳入该问题的研究中,为高管薪酬激励效应的相关研究提供了增量证据,丰富和发展了高管薪酬激励理论。

　　第二,本书将外部治理特征高管权力与内部隐性特征高管职业生涯关注同时纳入该问题的分析框架中,多视角、多角度地深入挖掘企业非效率投资的影响因素,进一步丰富和发展企业投资理论。从现有研究来看,有关高管薪酬激励与高管投资行为的研究均是基于新古典经济学,都把高管视为同质,从而忽视了高管异质性的存在。上述研究思路显然无法从根本上解释为什么高管在同样的激励制度下,企业投资行为及投资效率却截然不同的现实状况。本书突破以往大部分研究把高管看作同质性的情景因素，考虑高管的异质性因素，将高管权力与职业生涯关注这两种高管外部治理特征和内部隐性特征同时纳入统一分析框架中进行研究，是对现有理论的有益补充。

第三，本书揭示了高管权力对高管薪酬激励与企业非效率投资之间关系的作用机理，从高管外部治理特征的视角拓宽了"激励—投资"相关研究的边界。突破了以往文献关于高管薪酬激励与企业非效率投资的二元研究范式，将高管的外部治理特征高管权力纳入研究框架中，并且创新性地从高管权力的三个维度，即高管所有权权力、高管结构权力和高管专家权力来深入探讨，发现高管在所有权权力和结构权力的驱使下，更多地表现为"代理人"角色；而在高管专家权力的驱动下，则更多地表现为"管家"角色，这进一步丰富和拓展了高管权力理论及高管权力经济效果的研究。

第四，本书揭示了高管职业生涯关注对高管薪酬激励与企业非效率投资之间关系的作用机制，从高管内部隐性特质的视角丰富了"激励—投资"相关研究的边界。摒弃了以往文献简单研究高管薪酬激励与企业非效率投资之间的直接关系，将职业生涯关注作为高管内部隐性特质纳入研究框架中，从高管职业生涯关注的不同阶段考察其对企业非效率投资的影响，及其对高管薪酬激励与企业非效率投资之间关系的调节作用，拓宽了职业生涯关注理论的应用边界。

1.2.2 实践意义

第一，本研究有助于我国上市公司完善高管薪酬激励制度，促使高管薪酬激励机制在治理企业非效率投资中发挥其应有的作用，实现投资效率的优化及企业价值的提升。投资是宏观经济发展的动力，是微观企业未来现金流的重要来源，然而，我国上市公司普遍存在着非效率投资现象，高管薪酬激励作为公司治理核心治理机制，理论上来说能够有效缓解企业非效率投资现象，然而我国高管薪酬激励机制尚不够完善，近年来，高管薪酬异象频出便是最好的佐证，那么，怎样的高管薪酬激励机制是有利于治理企业非效率投资的，本书给出了解释和答案。本书系统研究高管薪酬激励对企业非效率投资的影响机理，为我国上市公司完善薪酬激励机制、实现公司资源的有效配置、优化企业投资效率提供借鉴和参考。

第二，本研究有助于我国上市公司监督和制衡高管权力的滥用，促进高管权力积极效应的发挥。高管权力存在着双重效应，高管在结构权力和所有权权力的驱动下，往往通过权力寻租获取个人私利，造成薪酬制定的扭曲和投资行为的异化，进而削弱了高管薪酬激励对企业非效率投资的治理作用；而高管在专家权力的驱动下，更倾向于利用自身的知识、经验等来促进企业投资效率的优化、价值的提升，进而强化高管薪酬激励对企业非效率投资的治理作用。因而，从高管权力视角研究高管薪酬激励与企业非效率投资，能够为上市公司优化高管权力配置、治理非效率投资问题、完善公司治理机制提供依据。

第三，本研究为我国上市公司高管选聘及高管经营管理的监督提供借鉴。高管职业生涯的不同阶段，其职业生涯关注度不同，对企业投资行为与决策的影响也存在差异，当高管职业生涯关注度高或低时，都容易导致企业的非效率投资行为，而高管职业生涯关注度处于中等水平时，往往更注重企业投资效率的提升，即企业长期价值的增长。因此，从高管职业生涯关注视角研究高管薪酬激励与企业非效率投资问题，有助于经理人市场和股东对高管的选聘，有助于董事会有的放矢地对高管的经营管理进行监督和约束，避免高管的决策和行为有悖于股东利益最大化，从而提升企业投资效率，促进企业绩效的提升。

1.3　研究内容与研究方法

1.3.1　研究内容

针对我国目前宏观层面的高投资与微观层面的低效率投资的现状以及高管薪酬激励机制在治理企业非效率投资中的重要作用，聚焦本书的研究问题，即高管薪酬激励对企业非效率投资的影响，进一步对国内外相关文献进行梳理，把握该领域的研究进展和脉络，明确以往研究的阶段性成果和待解决的问题，为本书的理论分析与实证检验奠定了基础。对高管薪酬激励、企业非效率投资、高管权力、职业生涯关注等关键性概念进行界定，对委托代理理论、最优契约理论、高管权力理论、职业生涯关注等理论进行梳理，为后文的机理分析打下理论基础。逻辑演绎高管薪酬激励机制对企业非效率投资的影响机理，并推演了高管权力的三个维度对高管薪酬激励与企业非效率投资之间关系的调节作用以及高管职业生涯关注的不同阶段对它们之间关系的调节效应，进而形成了一个完整的逻辑分析框架，并据此提出了本书的研究假设。根据研究假设，选取 2012～2016 年我国 A 股上市公司数据，采用描述性统计、相关性分析、多元回归等分析方法进行实证检验。最后，在对实证检验结果进行分析和讨论的基础上，提出相关政策建议。本书共分为 7 章，主要内容和章节如下：

第 1 章，绪论。介绍本书的选题背景及研究意义，研究的主要内容、研究方法及技术路线，阐明本书研究的创新之处。

第 2 章，文献综述。该部分分别梳理了企业非效率投资的动因相关文献，紧接着又梳理了关于高管薪酬激励与企业非效率投资之间关系的文献，以及高管特质、高管权力、职业生涯关注对企业投资行为影响的相关文献，并在此基础上进行系统地文献评述，总结以往文献的研究成果，发现研究中尚存在的不足之处，找到研究的切入点。

第 3 章，概念界定与理论基础。对研究所涉及的关键概念进行明确界定，如高管、高管薪酬激励、企业非效率投资、高管权力及职业生涯关注。对研究涉及的相关理论进行系统阐释，包括委托代理理论、最优契约理论、高管权力理论和职业生涯关注理论等，构成全书的理论基础。

第 4 章，理论分析与研究假设。在委托代理理论与最优契约理论框架下，逻辑演绎高管货币薪酬、股权激励、薪酬结构及薪酬激励的协同效应对企业非效率投资的治理作用；基于高管权力理论，分析高管外部治理特征——高管权力的三个维度，即高管所有权权力、结构权力、专家权力对高管薪酬激励与非效率投资之间关系的调节作用；基于职业生涯关注理论，分析高管内部隐性特征——职业生涯关注的不同阶段对高管薪酬激励与非效率投资之间关系的调节效应，进而形成一个系统的理论分析框架，构成了本书理论研究的核心内容，并据此提出研究假设。

第5章，研究设计。对上一章所提出的理论研究假设进行汇总，并构建多元回归模型以验证研究假设。变量度量方面，因变量为企业非效率投资，借鉴 Richardson 模型的残差度量非效率投资。自变量为高管薪酬激励，包括高管货币薪酬、股权激励与高管薪酬结构。调节变量为高管权力与职业生涯关注，高管权力分为：高管所有权权力，用股权制衡度和第一大股东持股比例来衡量；高管结构权力，用两职合一、董事会规模及独立董事比例这三个指标来衡量；高管专家权力，用高管任期、高管兼任及高管职称这三个指标来衡量。采用年龄作为职业生涯关注的代理变量，高管年龄小于45岁的定义为职业生涯早期，高管年龄在45～50岁的定义为职业生涯中期，高管年龄大于50岁的定义为职业生涯晚期。同时，选取公司成长性、公司业绩、现金流量、公司规模、管理费用率、大股东占款、产权性质作为研究中必要的控制变量，并且控制年度和行业。样本来源于2012～2016年我国A股上市公司，并根据研究需要进行相应的剔除。

第6章，实证研究。采用STATA14.0进行实证分析，首先，对各变量进行描述性统计分析。其次，对各变量进行相关性分析，发现自变量、调节变量与因变量之间均存在显著的相关关系，初步说明了模型构建的合理性。再次，回归分析高管薪酬激励与企业非效率投资之间的相关关系，高管权力对它们之间关系的调节作用以及高管职业生涯关注对它们之间关系的调节效应，并对实证检验结果进行分析和解释。最后，为检验研究结果的稳健性，采用两种方法进行稳健性检验：一是考虑高管薪酬激励效应的滞后性，对主要解释变量滞后的一期处理；二是对高管薪酬激励、高管权力及职业生涯关注变量进行替换，发现稳健性检验结果与前面基本一致。

第7章，研究结论与启示。总结本书的结论，发现本书的不足之处，并据此提出研究展望。结合我国实践，提出完善我国上市公司高管薪酬激励制度、强化我国上市公司高管权力监督约束与激励机制等相关政策建议，以综合治理我国上市公司面临的非效率投资问题，从而提升企业投资效率。

1.3.2 研究方法

本书主要采用以下几种研究方法：

（1）文献研究法。

通过搜集和阅读企业非效率投资相关的国内外文献，结合本书的研究框架，整理和梳理了企业非效率投资的动因：委托代理冲突、信息不对称以及风险承担。高管薪酬激励是缓解以上问题的重要机制，进一步搜集和整理高管薪酬激励与企业非效率投资相关的文献，对前人的研究成果、存在的不足及未来发展趋势等进行系统评述，为本书的研究指明了方向。又对高管权力与企业非效率投资的关系及高管职业生涯关注与企业非效率投资的关系做了文献搜集与整理，为理论模型的构建与假设的提出打下坚实的文献基础。

（2）演绎推理法。

首先，在委托代理理论和最优契约的基础上，逻辑演绎高管薪酬激励包括高管货币薪酬、股权激励、薪酬结构及薪酬激励的协同效应对企业非效率投资的影响机理；其次，从高管内外部特征来演绎其对高管薪酬激励与企业非效率投资之间关系的影响，采用高管权力理论来理论演绎高管权力对高管薪酬激励与企业非效率投资之间关系的调节效应，包括高管所有权权力、结构权力及专家权力；最后，采用职业生涯关注理论来逻辑演绎高管职业生涯关注对高管薪酬激励与非效率投资之间关系的调节作用，包括高管职业生涯初期、中期和晚期。以上的逻辑推演，形成了本书实证分析的理论假设部分。

（3）实证研究法。

在理论分析的基础上，构建了验证假设的数理模型。根据 Richardson 模型进行多元线性回归分析，采用模型残差的绝对值度量企业非效率投资水平。采用 STATA14.0 对变量进行描述性统计，揭示出这些变量的基本情况；对变量进行相关性分析，以初步验证模型构建的合理性；采用多元回归分析及层级回归分析的方法检验高管薪酬激励对企业非效率投资的治理作用，以及高管权力与职业生涯关注对高管薪酬激励与非效率投资之间关系的调节效应。并采用滞后一期处理、替换变量的方法对实证研究结果进行稳健性检验。

本书的技术路线如图 1-2 所示。

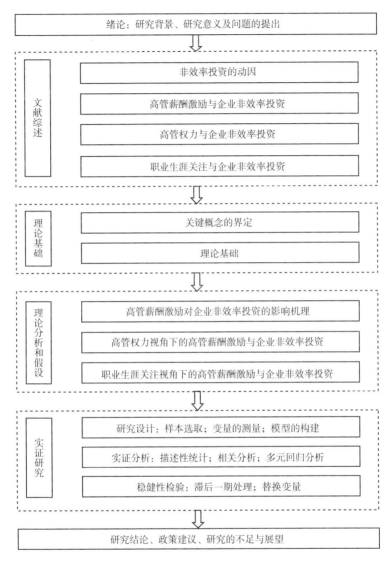

图 1 - 2　技术路线

1.4　研究的创新之处

本书在全面梳理相关文献和理论的基础上，总结前人的研究成果，找出研究的不足之处，从高管权力与职业生涯关注两个视角来系统探讨高管薪酬激励对企业非效率投资的影响，通过严密的理论分析与逻辑演绎，提出了高管薪酬激励与企业非效率投资之间的理论分析框架及相关假设，并利用 2012~2016 年我国上市公司数据，通过经典统计分析对理论假设进行实证验证，进而提出相关政策建议，本书的创新之处主要表现在以下几个方面：

（1）丰富和发展了高管薪酬激励效应的研究。

以往关于高管薪酬激励与企业投资行为的文献，大多从货币薪酬或股权激励角度出发，往往忽略了高管薪酬结构以及激励的协同与整合效应，存在着一定的片面性，本书从高管货币薪酬、股权激励、薪酬结构、激励的协同效应四个维度深入剖析高管薪酬激励对企业非效率投资行为产生治理作用的本质过程，丰富和拓展了高管薪酬激励效应的相关文献，是对现有研究的有益补充。

（2）填补了高管薪酬激励到投资行为之间作用机理研究的空白，丰富和拓展了企业投资理论。

以往关于高管薪酬激励与企业非效率投资的相关研究，尚没有得出一致的结论，究其原因主要在于研究没有引入适当的情境因素，把高管看作是同质的。本书突破了以往"高管薪酬激励—企业投资行为"这种较为单一的研究思路，在考虑高管异质性的情况下，将高管外部治理特征高管权力与高管内部隐性特征职业生涯关注作为权变因素纳入研究中，与高管薪酬激励产生交互共同作用于企业非效率投资，形成系统的研究框架，揭示了高管薪酬激励对企业非效率投资的作用路径及反应"黑箱"，有效丰富和拓展了企业投资理论。

（3）突破了高管权力"代理人"的研究视角，丰富和深化了高管权力理论。

以往文献关于高管权力的经济效果研究，大多基于高管"代理人"的研究视角，大多验证了高管利用权力通过影响薪酬制定、企业决策为自身谋取私利的观点。在指标选取方面，主要存在两种形式：一种是通过各个权力指标综合合成一个权力指标，另一种是单一采用某一指标代理高管权力。而本书在以往研究的基础上，认为高管权力不同维度发挥的作用亦不相同，因而将高管权力划分为高管结构权力、所有权权力和专家权力三个维度来探索其对高管薪酬激励与企业非效率投资之间关系的影响，发现高管在所有权权力和结构权力的驱使下往往表现为"代理人"角色，而在专家权力的驱动下则更多地表现为"管家"角色，研究拓展了高管权力理论。

| 2 |
文献综述

2.1　非效率投资的动因

在完美的市场及组织环境中，根据新古典金融理论，企业可以实现最优投资决策而达到企业价值最大化，企业所投资的项目均是净现值大于零的项目。然而，在现实世界中，各种摩擦和利益冲突的存在打破了完美资本市场条件的假设，企业常常存在将资本投资于净现值小于零的项目或放弃净现值大于零的项目的情况，即存在过度投资和投资不足，这两种情形均偏离了企业的最优投资决策，导致非效率投资。非效率投资使得企业资源没有得到充分有效的利用，阻碍了公司发展，给公司带来较大的风险，降低了公司价值。针对公司普遍存在非效率投资的现象，学者们从委托代理理论、信息不对称理论、风险承担理论、行为金融理论等方面对非效率投资的动因进行探索，并取得了丰硕的成果，基于本书的理论分析框架，本书从委托代理冲突与非效率投资、信息不对称与非效率投资、风险承担与非效率投资等几个方面来做文献回顾。

2.1.1　委托代理冲突与非效率投资

在现代公司制度中，普遍存在着三类委托代理问题：一是经营者与股东之间的委托代理冲突；二是大股东与中小股东之间的委托代理问题；三是债权人与股东之间的利益冲突（Jensen and Meckling，1976）。由于委托人与代理人之间的利益目标不一致，代理人的投资行为往往以自身利益最大化为目标而偏离投资的最优决策，造成非效率投资，给企业和股东价值带来损害。大量研究表明以上三种类型的委托代理问题均会造成企业的非效率投资，基于本书的研究目标，本章节主要回顾经营者与股东之间的代理冲突与非效率投资之间关系的相关文献。

由于公司所有权与经营权的分离，经营者往往出于自身利益的考虑而做出偏离股东或公司价值最大化的投资决策，造成过度投资或投资不足等非效率投资现象（Jensen，1976）。一方面，管理者处于帝国构建、管理者防御等动机进行过度投资。詹森（Jensen，1986）提出了自由现金流假说，认为当企业存在充沛的自由现金流时，管理者往往倾向于把这些资金用来扩大规模，盲目增加投资，以此来构建自己的"商业帝国"，控制更多的资源，获取更多的在职消费、个人声誉等个人私利，即使这些投资项目的净现值小于零或根本无益于股东利益的增加，从而导致过度投资。沃戈特（Vogot，1994）采用实证分析的方法，验证了高管利用公司的自由现金流盲目增加投资，导致过度投资的现象，自由现金流一定程度上成为高管获取个人私利的手段。施莱弗和维什尼（Shleifer and Vishny，1989）的研究认为管理者为了稳固自己在公司中的地位，以显示其不可替代性，往往倾向于投资一些自己熟悉的专业领域项目，而不去关注该投资项目未来是否盈利或是否有利于公司长期价值的增长，引致过度投资。康尼翁和墨菲（Conyon and Murphy，2000）的研究发现公司规模能显著促进高管收益的增加，即公司规模越大，高管获得的货币收益和非货币收益就越高，进一步揭示了高管过度投资的动机。另外，管理者处于私人成本的考虑，也会放弃一些净现值大于零的项目投资，给企业造成投资不足。高管在实施一项新的投资行为时可能会产生的私人成本主要包括：一是需要承担一定的监督和管理风险；二是需要花费更多的时间、精力去学习新知识以应对新的投资项目，原来安逸的生活可能会被打破；此时，高管可能会放弃一些优质项目的投资（Bertrand and Mullainathan，2003）。霍姆斯特罗姆和科斯塔（Holmstrom and Costa，1986）的研究表明，为了规避风险，管理者往往倾向于维持现有的业绩，减少一些项目的投资甚至放弃一些净现值大于 0 的项目，减少犯错的机会，以稳固自己在公司的地位。兰伯特（Lambert，1986）的研究发现，为了避免投资项目的失败可能给自己带来的声誉损失和职业风险，高管倾向于选择一些"安全"的投资项目，放弃一些优质但风险较高的项目，进而导致公司投资不足。布里托和约翰（Brito and John，2002）的研究进一步证实了以上观点，研究发现高管为了维持自己在公司的职位，倾向于减少投资，以降低冒险和犯错的可能，这种行为往往给公司带来投资不足的问题，造成资源的浪费和闲置。

国内学者关于委托代理视角下的非效率投资研究起步相对较晚，但也取得了丰富的研究成果，进一步证实了股东和经营者的委托代理冲突是公司非效率投资的重要动因。高管为了获取更多的私人收益，使得公司短期绩效表现得更好，往往倾向于过度投资，过度投资给股东利益带来了损害（王艳等，2005）。唐雪松等（2007）也进一步证实，在两权分离的现代企业制度中，代理问题普遍存在，在我国经理人市场尚不发达、高管薪酬激励与约束机制尚不完善的情况下，高管往往为了攫取个人私利而采取过度投资行为。胡建平、干胜道（2009）则从自由现金流的视角展开研究，发现由于股东和管理者的利益目标不一致，当公司存在自由现金流时，高管不会将其以股利形式发放给股东，而是将资金投资于一些能够为其自身带来最大利益的项目中，进而导致公司投资效率低下、公司利益受损。杨清香、俞麟（2010）则在前人研究的基础上发现，在不同产权性质的企业里两权分离带来的非效率投资问题的表现形式亦不相同，在国有企业中往往表现为过度投资，而在民营企业中则更多地表现为投资不足。李云鹤（2014）将委托代理问题与公司非效率投资纳入统一框架模型中进行研究，发现高管代理问题所导致的非效率投资现象受公司融资约束的影响，并且随着公司的成长而发生变化。

2.1.2 信息不对称与非效率投资

由于管理者与投资者掌握的信息不对称，常常诱发企业投资扭曲现象，导致非效率投资。事前信息不对称往往容易带来"逆向选择"，而事后信息不对称则容易引发"道德风险"。关于信息不对称对企业投资行为的影响研究，最具代表性的是"融资有序理论"，该理论是由迈尔斯和梅伊卢夫在1984年提出的，其核心观点为：公司融资方式的优选顺序依次是内部融资、债务融资和权益融资。投资者在了解公司的融资顺序后，当公司发行股票或债务融资时，他们会认为这是一种不好的消息，由于投资者对投资项目不具有完全信息，因此，便会要求降低购买风险证券的价格，以获得较高的风险溢价，因而导致企业外部融资成本的增加，管理者可能会因为不能融到所需资金而放弃一些净现值大于零的优质项目，从而导致投资不足。随后法扎里、哈伯德和彼得森（Fazzari, Hubbard and Petersen, 1988）进一步证实了该观点，研究认为信息不对称给企业带来了融资约束，导致企业融资主要来源于内部资金，并通过 1970～1984 年以美国制造业公司为样本的实证研究，发现企业融资约束程度与公司投资—现金流敏感性呈显著的正相关关系，且信息不对称显著加剧了公司的非效率投资行为。海因克尔和泽克纳（Heinkel and Zechner，1990）的研究发现，由于信息不对称，市场无法准确判断新项目的价值，一般按照市场上所有企业的平均价格来给予估价，导致公司股价被高估，因此，一些净现值为负的项目可能被实施，从而导致企业过度投资。

国内学者的研究结论也基本证实了国外学者的观点，即信息不对称程度越高，企业非效率投资水平就越高。主要从两个视角来进行探讨，一部分学者直接从信息不对称导致非效率投资的视角来验证该问题，例如，潘敏、金岩（2003）构建了一个包含信息不对称及我国特有的股权制度安排等因素的投资决策模型，深入剖析我国上市公司过度投资的成因，发现信息不对称是其中重要因素之一。连玉君等（2007）的研究则进一步发现，信息不对称程度越高，企业现金流敏感性越高；而公司所受的融资约束越严重，则越容易引发投资不足。张功富、宋献中（2009）也得出了相似的结论，他们以沪深 301 家工业上市公司为样本进行实证研究，发现公司投资不足主要是由于信息不对称而引发的融资约束所导致。屈文洲等（2011）采用市场微观结构理论中的信息不对称指标 PIN 作为融资约束的替代指标，研究发现信息不对称水平显著降低了企业投资水平，并且信息不对称程度与投资—现金流敏感性呈正相关关系。另有一部分学者从提高信息披露质量进而提升企业投资效率方面来间接探讨该问题。张纯、吕伟（2009）采用我国上市公司数据，对信息中介、信息披露与过度投资之间的关系展开研究，发现信息中介的发展程度与信息披露水平能显著降低信息不对称问题，从而促进公司投资效率的提升，有效减少企业过度投资。张兴亮、夏成才（2011）的研究则进一步证实基于 2002～2009 年深交所上市公司的非平衡面板数据，研究发现：在国有企业中，信息透明度与企业过度投资呈显著的负相关关系，信息透明度发挥了其治理效应。

2.1.3 风险承担与非效率投资

风险承担理论认为，管理者和股东之间风险偏好的差异是导致企业非效率投资，尤其是投资不足的重要因素。股东具有风险中性的特征，而管理者往往属于风险规避型。因为股东的投资项目是多元化的，其承担的风险被分散；而管理者则需付出大量的努力和成本在投资项目上，却不能拥有所有的剩余索取权，还要面临投资失败所带来的财务和职业风险，进而导致管理者不能做出最优的投资决策，放弃一些风险较高，但收益较好、有利于公司或股东价值提升的项目，造成企业非效率投资现象。史密斯和斯图尔兹（Smith and Stulz，1985）的研究发现由于经营的成败给管理者的声誉和职业发展带来不可忽视的影响，因此，当投资项目的不确定性较大，风险程度难以驾驭时，管理者为了保全自己的利益，往往趋于保守，而不会轻易去冒险。霍姆斯特罗姆和韦斯（Holmstrom and Weiss，1985）的研究表明，管理者为一个投资项目所付出的成本不易被观察和量化，而投资的收益往往受很多不确定因素的影响，且与管理者的收益密切相关，当风险较大时，管理者往往倾向于选择放弃投资。阿加瓦尔和萨姆威克（Aggarwal and Samwick，2006）的分析认为，一项新投资增加了高管的监督和管理风险，引起私人成本的上升，当私人成本较高时，高管往往会放弃一些净现值大于零的项目，产生投资不足现象。约翰等（John et al.，2008）的研究发现，面对一项新的投资项目，管理者需要付出更多的时间、精力和努力来学习和管理，对于风险规避型的高管而言，其往往利用对公司的控制权从风险较低的投资项目中攫取私人收益，而放弃那些有利于股东价值增加但风险较高的投资项目。肯普夫等（Kempf et al.，2009）通过实证研究发现，解雇风险是影响管理者投资决策的重要因素，当管理者认为解雇风险比薪酬相对更重要时，管理者一般倾向于选择风险较低的投资项目，以降低风险；投资成功也向股东传达了能力强的信号，避免被解雇的可能。金豪、夏清泉（2017）采用我国2010～2012年A股上市公司为样本，研究高管风险偏好程度对企业非效率投资的影响。研究结果表明，高管风险偏好程度显著影响了企业非效率投资水平，具体表现在高管风险偏好水平显著缓解了企业投资不足，但却显著加剧了企业过度投资水平；并且相比国有企业，民营企业高管的风险偏好水平往往更高，在不同产权性质的企业里，高管风险偏好程度对企业投资效率的影响存在差异。

本节从委托代理冲突、信息不对称以及风险承担这三个视角系统梳理了企业非效率投资的动因，具体的文献汇总如表2－1所示，该部分综述为后面关于高管薪酬激励对企业非效率投资治理作用的理论分析奠定了基础。

表 2－1 非效率投资的动因文献汇总

非效率投资动因	观点	代表性文献
委托代理冲突	管理层与股东由于利益目标不一致，经理人出于帝国构建、管理者防御和享受安逸生活等个人私利的动机，导致过度投资和投资不足	詹森和麦克林（Jensen and Meckling，1976） 伯特兰和穆莱纳森（Bertrand and Mullainathan，2003） 兰伯特（Lambert，1986） 唐雪松等（2007） 李云鹤（2014）
信息不对称	投资者不能掌握企业经营管理的全部信息，客观上依赖管理层的经营管理行为，而由于存在逆向选择和道德风险，管理层往往因融资成本以及个人私利等原因而进行过度投资和投资不足行为	迈尔斯和梅伊卢夫（Myers and Maijluf，1984） 法扎里、哈伯德和彼得森（Fazzari，Hubbard and Petersen，1988） 海因克尔和泽克纳（Heinkel and Zechner，1990） 张功富和宋献中（2009） 屈文洲等（2011）
风险承担	在风险偏好方面，股东具有风险中性的特征，而管理者属于风险规避型。处于职业声誉、个人收益、私人成本等方面的考虑，高管往往倾向于选择低风险的投资项目，进而导致了企业的非效率投资	史密斯和斯图尔兹（Smith and Stulz，1985） 霍姆斯特罗姆和韦斯（Holmstrom and Weiss，1985） 阿加瓦尔和萨姆威克（Aggarwal and Samwick，2006） 约翰等（John et al，2008）

2.2 高管薪酬激励与企业非效率投资的相关研究

2.2.1 高管薪酬激励与企业绩效

在两权分离的现代企业制度中，高管往往是代理人角色，他们掌握着公司的经营权与决策权，但却拥有较少的公司剩余索取权，而股东是委托人角色，其不直接参与公司的经营管理，却掌握着公司大部分的剩余索取权。高管在自利动机下，常常存在利用信息优势实现自身利益最大化的机会主义行为，而股东也难以对高管实施有效的监督。此时，有效的薪酬激励契约便成为解决股东与经理人之间委托代理问题的有效途径，最优契约理论认为，将高管薪酬水平与企业绩效挂钩，可以实现股东和高管之间的利益目标一致，达到激励相容，促使高管做出公司利益最大化的决策。因此，为了检验高管薪酬激励的有效性，国内外学者对高管薪酬激励—业绩之间的关系做了大量的研究，可谓汗牛充栋，但尚未得出一致的结论，主要存在着高管薪酬与企业绩效正相关及无显著的相关关系两种观点。

国外文献关于高管薪酬激励与企业绩效之间的关系研究，大部分支持高管薪酬激励与企业绩效之间存在显著的相关关系。墨菲（Murphy，1985）的研究发现，高管薪酬与企业绩效呈正相关关系，并且随着公司销售增长率、股价的提升而增加。詹森和墨菲（Jensen and Murphy，1990）开创性地采用薪酬业绩敏感度来度量高管薪酬与公司业绩之间的相关关系，研究表明高管薪酬水平与股东财富之间存在一定的正相关关系，但这种关联程度较小；较低的薪酬业绩敏感度并没有对高管形成有效的激励，该研究为高管薪酬激励机制的研究开辟了新范式，为后人的研究奠定了基础。阿加瓦尔和萨姆威克（Aggarwal and Samwick，1999）的研究发现股东财富与高管薪酬之间并没有呈现显著的正相关关系，公司股价波动和经营风险降低了高管薪酬业绩敏感度。利昂（Leone et al，2006）通过实证分析发现，高管货币薪酬与公司绩效之间显著正相关，同时也呈现出非对称性特征，公司业绩上升所带来的高管薪酬水平增加幅度远远大于业绩下降所带来的薪酬水平下降幅度。梅赫兰（Mehran，1995）则从薪酬结构的视角来考察高管薪酬激励的有效性，研究发现薪酬结构比薪酬水平能够更好地激励高管为企业价值最大化而努力，企业绩效与高管基于权益的薪酬具有很强的关联性。20世纪80年代，随着股权激励在西方国家的逐渐盛行，越来越多的学者开始把研究重点转向股权激励与企业业绩之间的相关关系。哈尔和利布曼（HALL and Liebman，1988）采用美国上市公司数据进行实证研究，发现CEO所持有的期权和股票数量显著增强了CEO薪酬业绩敏感度。伊特纳等（Ittner C D et al，2003）的研究进一步证实了股权激励与公司业绩之间的正相关关系，再次肯定了股权激励的积极效应。但伯格斯特雷塞和菲利蓬（Bergstresser and Philippon，2006）发现，股权激励一方面可以实现高管和股东利益的趋同，进而促使高管做出公司价值最大化的决策，但在内外部治理和监督机制不完善的情况下，股权激励可能会诱发管理者的机会主义行为，导致激励机制的失灵；说明有效的内外部治理机制是高管薪酬激励机制发挥作用的重要保障。

由于我国现代企业制度建立的较晚，早期的高管薪酬激励制度尚不够完善，高管薪酬激励与企业绩效之间并没有呈现出显著的正相关关系。李增泉（2000）通过分组检验发现，我国上市公司高管薪酬与公司绩效之间并没有呈现出显著的相关关系，没有明显的薪酬业绩敏感性，但高管薪酬受企业规模、地域等方面影响显著；高管持股比例较低，股权激励力度小，股权激励效应尚未显现。魏刚（2000）的研究也认为，高管薪酬受企业规模、行业等方面的显著影响，而与公司绩效没有呈现出显著的正相关关系；且总体来说，我国上市公司高管薪酬形式单一，结构不合理，薪酬水平偏低。伴随着我国企业制度改革的不断推进，基于绩效的高管薪酬制度逐步建立，高管薪酬水平得以提高，上市公司高管薪酬激励与企业绩效之间基本呈现相关性的特征，高管薪酬激励效果日渐显现。张俊瑞等（2003）通过实证研究考察高管货币薪酬、股权激励与企业业绩之间的相关关系，发现高管货币薪酬与公司业绩、公司规模呈显著的正相关关系；与高管持股虽然呈正相关关系，但这种关系呈现出不稳定性。杜胜利、翟艳玲（2005）利用综合模型考察可能影响总经理薪酬的各种公司治理变量，研究表明公司业绩、公司规模均与总经理薪酬水平有着显著的正相关关系；而国有股比例、无形资产与总资产的比例与总经理薪酬有着显著的负相关关系。辛清泉、谭伟强（2009）分别以市场业绩和会计业绩作为企业绩效的衡量，来实证检验国有上市公司高管薪酬与企业绩效之间的关系，研究表明，高管薪酬与以市场业绩为基础的企业绩效之间关系更为显著；市场化进程提高了国有企业高管薪酬业绩敏感度。刘绍娓、万大艳（2013）采用2003～2010年上市公司数据实证分析了在不同产权性质的企业里，高管薪酬激励对公司业绩的影响差异，研究表明，高管薪酬与公司业绩呈显著的正相关关系，并且随着高管持股比例的提高，这种正相关关系在民营企业中表现得更明显，在国有企业中则表现得更弱；企业规模弱化了高管薪酬与公司业绩之间的正相关关系。随着股权激励及其效应的逐渐显现，股权激励与公司绩效之间关系的研究也日益增多，顾斌、周立烨（2007）对剔除行业影响后的高管股权激励效应进行实证研究，发现高管股权激励与公司绩效之间没有显著的相关关系，其长期激励效果并不明显；而周仁俊等（2010）的研究则发现高管股权激励能显著提升企业绩效，验证了高管持股的激励效应，并且它们之间的这种正相关关系在非国有上市公司中表现得更为明显。

2.2.2 高管薪酬激励与企业非效率投资

高管薪酬激励是通过影响高管行为来影响企业绩效的，投资决策对企业的发展与价值的提升至关重要，它不仅影响企业的当前业绩，还决定了企业未来的价值。在实践中，高管为了获取个人私利及声誉或为了规避风险、减少工作投入，往往会违背股东利益最大化原则来进行投资，进而产生非效率投资现象。高管薪酬激励作为缓解高管与股东之间委托代理问题的核心机制无疑对企业投资行为产生重要影响。国内外学者对此展开了丰富的研究，具体的文献汇总如表2-2所示。

表2-2　　　　　高管薪酬激励与非效率投资之间关系的文献汇总

分类	主要观点	代表性文献
国外相关研究	认为股权激励作为一种长期激励方式可以促使股东和管理者之间的利益目标一致，从而达到激励相容，使得高管做出与公司利益一致的投资行为，促进效率投资	霍尔和墨菲（Hall and Murphy，2002）布鲁萨尔等（Broussard et al.，2004）阿加瓦尔和萨姆威克（Aggarwal and Samwick，2006）
	认为股权激励使得管理者对收益有了更多的想象空间，进而提高了管理者的风险承担水平，而不是一味地规避风险，促进了高管对风险性投资项目的选择	达塔等（Datta et al.，2001）拉拉扎和克纳塔纳等（Larraza and Kntana et al.，2007）
国内相关研究	高管薪酬激励可以有效缓解企业非效率投资现象	辛清泉等（2007）；罗富碧等（2008）；吕长江、张海平（2011）
	高管薪酬激励恶化了企业非效率投资现象	简建辉、余忠福等（2011）；徐光伟、刘星（2014）
	高管薪酬激励与企业非效率投资之间呈显著的"U"型关系	杨慧辉等（2016）

国外学者关于高管薪酬激励与投资效率之间关系的研究大部分集中在股权激励对投资行为的影响上，并且大部分支持了股权激励可以缓解非效率投资的观点。一部分学者从股权激励能够协调股东和管理者的利益的视角来探究股权激励与投资效率之间的关系。霍尔和墨菲（Hall and Murphy，2002）的实证研究发现，高管的年薪、奖金等短期激励方式与股权激励这种长期激励方式对高管投资行为的影响存在显著差异，短期激励方式容易造成高管的

短视行为，高管为了完成短期绩效以获取高额的短期薪酬，在投资决策上往往比较保守，甚至做出损害公司价值的投资决策；而股权激励则可以实现高管和股东利益的协同，促使高管做出有利于企业长期价值或与股东利益一致的投资决策。布鲁萨尔等（Broussard et al.，2004）则采用美国上市公司样本数据进行实证研究，研究结果表明，高管股权激励水平与公司投资现金流敏感性呈显著的负相关关系，当公司成长性不佳时，它们之间的负相关关系更为显著，说明高管股权激励可以有效缓解企业的过度投资行为。阿加瓦尔和萨姆威克（Aggarwal and Samwick，2006）采用股权激励作为高管薪酬的代理变量，则进一步证实高管薪酬激励显著促进了企业资本投资，因为管理层考虑投资所要付出的私人成本和努力，往往会放弃一些优质项目的投资，而股权激励使得高管的个人利益与企业利益紧密相连，从而促使高管做出有利于企业发展的投资决策。另一部分学者则从股权激励可以提高管理者风险承担的视角来探讨股权激励与投资效率的关系。达塔等（Datta et al.，2001）的研究表明，股权激励能够协调高管与股东之间的风险偏好，增加高管对风险的承担，促进高管的风险投资行为。拉拉扎和克纳塔纳等（Larraza and Kntana et al.，2007）的研究也认为，股权激励使得高管的个人财富与风险紧密挂钩，高管对个人财富有了更大的想象空间，促使高管在投资项目的选择上不再一味地规避风险，更多地选择一些优质的、风险性项目。格伦迪和李（Grundy and Li，2010）则创新性地发现不同的股权激励类型对高管投资行为的影响是不同的，如高管持股等方式，由于其薪酬水平与股价相关，为实现自身利益最大化，高管往往会采取过度投资的投资策略以迎合短线投资者的投机行为；而股票期权和限制性股票则一般不会诱发高管的这些非效率投资行为。

国内关于高管薪酬激励与企业投资效率的研究起步较晚，大多集中在高管货币薪酬、股权激励对投资效率的影响上，大部分文献均支持了高管薪酬激励与企业非效率投资存在显著的相关性的观点，主要存在三种不同的观点，即高管薪酬激励与企业非效率投资之间呈显著负相关、正相关和"U"型关系。第一种观点认为高管薪酬激励可以缓解企业非效率投资（辛清泉等，2007；罗富碧等，2008；吕长江、张海平，2011等），具体而言，辛清泉等（2007）采用2000~2004年上市公司数据，从不同所有权结构下公司激励制度存在差异这一制度背景出发，实证检验管理者激励对企业过度投资与投资不足的影响，实证结果发现，当管理者的货币薪酬水平过低而不能对其工作和努力作出较好的补偿时，会诱发管理者的过度投资行为，而仅有微弱的证据证明货币薪酬水平过低导致企业投资不足现象。进一步研究发现，只有在国有资产管理机构和地方国企存在管理者货币薪酬水平过低而导致的过度投资行为。罗富碧等（2008）对高管股权激励与投资行为之间的关系进行实证研究，发现股权激励能够显著提高企业的投资水平，而企业投资行为反过来对高管的股权激励产生影响；在实施股票增值权的公司里其投资量相比其他激励形式更大。吕长江、张海平（2011）采用 2006～2009 年实施股权激励的上市公司为样本，实证验证了高管股权激励与企业非效率投资的关系，发现我国上市公司既存在着投资不足的现象，也存在着过度投资的情况；高管股权激励能够有效抑制公司的过度投资行为，也可以缓解公司的投资不足问题，从而降低了高管和股东之间的代理成本，缓解它们之间的利益冲突。张庆君、蒋瑶、李萌（2018）以京津冀上市公司为样本，实证研究所有权结构、股权激励与非效率投资之间的关系，研究结果表明，在样本企业里，实施股权激励的企业并不多，但股权激励机制有效抑制了企业非效率投资的发生。欧佩玉、孙俊勤（2008）以 2007～2015 年我国 A 股上市公司中的央企为研究对象，考察央企高管绩效考核中引入 EVA 考核办法及其修订后对企业非效率投资行为的影响，研究表明：引入 EVA 考核办法能够有效降低央企的非效率投资水平；而在 2012 年对 EVA 考核办法的修订则对缓解央企的非效率投资现象没有显著的积极影响。第二种观点认为高管薪酬激励加剧了企业非效率投资（简建辉、余忠福等，2011；徐光伟、刘星，2014 等），具体而言，简建辉、余忠福等（2011）采用 2001～2009 年上市公司数据实证检验管理者激励与企业过度投资之间的关系，研究发现企业过度投资水平与管理者货币薪酬水平之间呈显著的正相关关系，即管理者货币薪酬恶化了公司过度投资行为，其主要原因在于管理者为了增加报酬，往往容易采取过度投资等机会主义行为；而公司过度投资水平与管理者股权激励之间没有表现出显著的相关关系。徐光伟、刘星（2014）基于内生视角，检验了高管薪酬激励与企业投资行为之间的交互关系。实证结果发现：企业投资水平显著降低了高管货币薪酬水平，投资影响了企业会计业绩，进而影响了高管薪酬水平；高管货币薪酬水平越高，企业投资水平越低，而高管股权激励机制则对企业投资水平起到显著的促进作用；高管薪酬业绩敏感度与企业投资水平之间的相关关系不显著，说明在制定高管薪酬契约的过程中需考虑薪酬激励与投资行之间的交互影响。第三种观点认为高管薪酬激励尤其是股权激励与公司非效率投资之间呈显著的"U"型关系（杨慧辉等，2016 等）。杨慧辉等（2016）以 2009～2014 年实施股权激励的国有上市公司为样本进行实证研究，发现股权激励与公司过度投资水平之间呈显著的"U"型关系，即股权激励对投资效率的治理作用存在一个最优区间；与限制性股票激励方式相比，股票期权更容易导致"管理层防御"效应，恶化公司过度投资现象；直接控股股东更能够保障股权激励"利益趋同"效应的发挥，抑制过度投资行为。

2.3 管理者特质与企业投资行为

根据 1984 年汉布里克和梅森（Hambrick and Mason）提出的高阶理论，高管的认知水平及价值观的区别导致了高管行为的巨大差异，而高管的特质在极大程度上又决定了高管的认知水平及价值观的形成。高管特质包括高管年龄、性别、教育背景、工作经历、财务状况、权力等外在显性特征以及高管过度自信、认知偏差、职业生涯关注等内部隐性特征。因此，高管特质影响了高管的决策过程及行为，进而影响企业的战略选择乃至企业的生死存亡。已有大量的文献证实，管理者个人特质显著影响企业的决策及行为，进而影响企业绩效。麦基（Mackey，2008）甚至提出由于研究方法的偏差，以往文献一定程度上低估了 CEO 对企业绩效的影响，甚至在某些情况下，CEO 对企业绩效的影响程度要大于行业或企业自身因素的影响。企业投资行为无疑受到高管特质的影响，国内外学者对高管内外部特质与企业投资行为之间的关系也做出了大量的研究。

从高管任期方面来看，一般而言，新上任的高管对工作充满了激情，对企业及自身未来的发展充满了憧憬，因此，其投资行为一般更为激进，并且更愿意投资一些可以为企业带来长期价值的投资项目，任期较长的高管，往往对工作逐渐丧失激情，更乐于享受安逸和稳定的生活，因此，在企业投资决策方面往往比较保守，缺乏动力，投资水平下降。汉布里克等（Hambrick et al.，1991）通过实证研究发现，CEO 任期与企业投资支出呈显著的负相关关系，因为任期越长的 CEO 对工作的新鲜感组件下降，更希望维持稳定的战略，也没有动力增加企业投资。随后梅兹加尼（Mezghanni，2010）的研究则发现高管任期与企业研发投资之间呈倒"U"型关系，即企业而研发投资水平随着高管任期的增加而增长，但突破一定的临界点之后，高管行为趋于保守，更倾向于维系之前的经营成果，规避风险，以期企业获得稳定可持续发展，进而导致公司的研发投资水平下降。某方面的工作经历往往预示着高管对这一专业领域有着更为深入和专业的认识，不同的工作经历也塑造了高管不同的认知水平及价值取向，进而影响高管的决策和行为。关于高管工作经历对企业投资行为的影响方面，彭（Peng，2016）以美国大型制造企业的 CEO 为样本，探索 CEO 的工作经历对其投资行为的影响，通过对他们之前工作经历的抓取，研究发现：CEO 具有从事国际性工作及生产性工作的经历能够有效抑制企业的非效率投资；并且年轻 CEO 拥有更丰富的工作经验同样能够有效降低企业的非效率投资水平。李焰等（2011）选择我国上市公司作为样本，研究在不同的产权性质下，高管特质对高管投资行为的影响。研究发现，在非国有企业中，高管财经类工作经历与企业投资规模及投资效率呈显著的正相关关系，而在国有企业中，却并没有显著的提升作用。胡国柳、周遂（2012）以我国 2006～2010 年上市公司为样本，通过实证研究发现，具有政府部门工作背景的高管更容易形成过度自信的心理，高管过度自信引致企业过度投资行为和盲目扩张。一般而言，高管的受教育程度越高，其学习能力、认知水平、信息处理能力则越强，对企业投资决策的分析更为理性。班特尔和杰克逊（Bantel and Jackson，1989）的研究发现，高管团队的受教育程度对公司的战略变化及多样化经营产生积极的影响，两者之间呈显著的正相关关系。不少研究证实，高管受教育程度对企业投资决策有着积极的影响（Hambrick and Mason，1984）。姜付秀等（2009）以我国 A 股上市公司为样本，研究高管（董事长和总经理）的背景特征与企业过度投资之间的相关关系，研究认为，由于受教育程度高的高管其投资决策更为理性，因此，高管受教育水平能够有效降低企业的过度投资水平，并且这一结果在国有企业与非国有企业都是成立的。罗红霞、李红霞、刘璐（2014）以我国沪深两市上市公司为样本，将企业投资效率作为中介变量纳入高管特质与公司业绩之间关系的研究中，研究发现高管受教育水平显著提升了企业投资效率，进而提升公司业绩。然而，与以上观点相反的是，有学者发现高管在取得大学学位后，其受正式教育的程度对公司研发投资水平没有显著的影响，但高管专业背景对公司研发投资水平却起到显著的促进作用（Barker and Mueller，2002）。穆罕默德等（Mohamed et al.，2014）的研究发现，高管金融专业教育背景可以有效降低公司的投资现金流敏感性，主要原因在于具有金融类教育背景的高管具有更为专业的知识体系，因而高管对投资行为的认知和分析比较理性，进而避免了高管认知偏差所带来的负面效应。

以上关于 CEO 人口特征与企业投资行为的研究都隐含地将 CEO 个人特质的差异归因为是人口特征差异所塑造的，原因在于人口特征影响着行为人理解问题和处理问题的方式及能力，继而最终体现为行为人的个人特质的异质性。虽然以上人口特征并不能真正刻画出行为人的内在个人特质，但是这些显性特征却在解释 CEO 投资决策行为时占据重要的地位。

过度自信属于一种认知偏差，是指人们总是过于相信自己的判断，进而导致对成功概率的高估，并且常常把成功的因素归结于其自身，而忽略了其他外部因素在其中所起的作用。自 20 世纪 90 年代以来，关于过度自信的研究获得了长足的发展，学者们纷纷对高管过度自信的定义、测量等方面展开了丰富的研究，并且在行为金融学的理论框架下探讨高管过度自信对企业投融资行为的影响，取得了较为丰富的研究成果。高管过度自信为高管的一种内在心理特征，往往难以量化，因此，高管过度自信的度量成了国内外学生研究的焦点。纵观国内外研究，度量高管过度自信的指标主要有以下几种：第一，高管股票期权行权时间及是否增持公司股票。因为高管对风险的态度一定程度上反映了高管的过度自信程度，理性的高管一般会找合适的机会行权以减持公司股票，而高管如果推迟股票期权行权时间或者增持公司股份，说明高管过于乐观和过度自信（Malmendier and Tate，2005）。第二，通过媒体报道度量。通过媒体报道中关于高管的相关词语的统计与分析来判断高管是否过度自信。布朗和萨玛（Brown and Sarma，2007）在研究中便采用了该方法来度量高管过度自信。第三，盈利预测。一般认为如果高管对公司的盈利预估比公司实际的盈利水平高则认为高管过度自信（Lin et al，2005）。第四，高管相对薪酬。高管的薪酬与其他高管薪酬之间的比例越高，高管往往越容易过度自信（Hayward and Hambrick，1997），我国学者姜付秀等

（2009）也采用了此方法来代理高管过度自信指标。

罗尔（Roll，1986）首次将高管过度自信纳入企业投资领域的研究中，并提出"高管狂妄自大"的假说，研究认为企业过度扩张的原因在于过度的自信的高管往往对并购企业收益的预估要高于实际的收益，并对目标公司支付过高的价格。"高管狂妄自大"假说从决策者的视角来解释企业并购行为，弥补了其他相关理论的不足及局限性。马奇和夏皮拉（March and Shapira，1987）的调查研究发现，高管往往低估企业过程中的风险和波动性，过于相信自己的能力和对公司的掌控。因此，高管总是判断自己的投资项目会获得较高的收益，而忽视了投资失败的风险。马尔曼迪和泰特（Malmendier and Tate，2005）从高管过度自信视角来探索企业投资异化现象，发现当公司内部存在充沛的资金流时，高管过度自信容易导致企业过度投资行为。福布斯（Forbes，2005）通过实证研究进一步发现，公司高管过度自信这种认知偏差受高管的个人因素及各种客观因素的影响，因此，不同的高管过度自信程度相差较大。高管的年龄、决策的复杂性及各种外部因素均显著影响高管的过度自信程度，另外，研究还发现，如果高管是公司创始人，则比其他的高管过度自信水平更高。希顿（Heaton，2002）在不考虑信息不对称及委托代理成本因素的情况下，构建了基于"自由现金流"假说和高管过度自信的投资扭曲两阶段模型。研究认为：一方面，过度自信的高管往往高估了投资项目的预期收益，进而导致投资于一些净现值小于零的项目，产生过度投资行为；另一方面，过度自信的高管对公司未来发展的预期会比资本市场的预估要好，因而往往认为资本市场低估了所在公司的股价，并认为外部融资成本偏高，因而尽可能减少外部融资，导致一些优质项目因资金的短缺而被放弃，导致企业投资不足现象的产生。

我国关于高管过度自信与企业投资行为的研究也取得了较为丰富的研究成果。学者们也都相继证实了高管过度自信容易导致企业投资支出的增加以及过度投资等非效率投资行为。郝颖、刘星、林朝南（2005）以我国沪深两市的上市公司为研究样本，实证验证了我国上市公司高管过度自信的现实存在，研究表明：高管过度自信显著提高了企业的投资水平及企业的投资现金敏感流；并且在我国特有的股权制度下，高管过度自信更有可能引致过度投资等非效率投资行为。姜付秀等（2009）采用我国2002~2005年上市公司数据，从行为金融学的视角，探索高管过度自信与公司扩张行为的关系。研究发现，高管过度自信显著影响了公司扩张，具体表现在：高管过度自信显著提高了公司的总投资水平以及内部投资水平，并且公司充足的现金流强化了高管过度自信与企业投资之间的这种正相关关系，但高管过度自信对企业外部扩张则并没有显著的影响。王霞等（2008）以我国非金融类上市公司为样本，研究高管过度自信对公司投资行为的影响，研究发现：高管过度自信与公司过度投资水平之间呈显著的正相关关系，并且过度自信的高管过度投资对融资活动产生的现金流具有较高的敏感性，对经营活动产生的自由现金流不具有敏感性。刘柏、梁超（2016）将高管划分为董事长与总经理两个层级来检验高管过度自信与企业投资的相关关系，采用高管自愿持股增加来代理高管过度自信指标，研究发现，董事长与总经理的过度自信均显著提高了企业投资水平，但两个层级的高管过度自信影响企业投资水平的路径不同：董事长过度自信在与投资水平显著正相关的同时，还降低了投资现金敏感流；而总经理过度自信则对投资现金敏感性没有显著的影响；并且董事长与总经理两职合一的高管过度自信与企业投资水平之间的正相关关系更为显著。侯巧铭、宋力、蒋亚朋（2017）以 2012～2017 年我国沪深两市上市公司为样本，实证研究企业生命周期视角下高管的代理行为与高管过度自信对企业非效率投资的影响。研究发现，企业非效率投资现象是高管代理行为与高管过度自信共同作用的结果，伴随着企业生命周期的发展，高管的代理行为逐渐增强，高管的过度自信程度逐渐降低，在企业生命周期的不同阶段，它们对企业非效率投资的影响存在显著差异。甘柳、罗鹏飞（2016）通过实证研究发现，高管过分乐观和过度自信都会引致企业过度投资行为，而设计合理的股权激励及固定薪酬则可以一定程度上抑制由于高管过分乐观与过度自信而导致的过度投资现象。

2.4 高管权力与企业非效率投资

在最优契约理论无法很好地解释高管薪酬异象时，高管权力理论应运而生，其最早由贝布丘克和弗里德（Bebchuk and Fried）提出（Bebchuk and Fried，2002；2004），高管权力理论的核心思想为：当管理层掌握公司控制权时，管理层可能会通过控制董事的提名、参与薪酬委员会等方式影响甚至操控董事会薪酬契约体系的制定，甚至达到自定薪酬的目的。从某种程度上说，高管薪酬不再是缓解股东和高管之间代理问题的方式，而是一种新的代理问题的产生，即董事会与股东之间的代理问题。因此，国内外学者最初对高管权力的研究，主要集中在高管权力对高管薪酬的影响方面，随着研究的日益深入，越来越多的学者开始关注其对高管行为以及公司治理效果的影响方面，大部分集中在高管权力对公司绩效的影响方面，也有一些学者开始关注高管权力对企业投资行为的影响方面。

学者们多数在委托代理框架下探讨高管权力对企业投资行为的影响，在所有权与经营权分离的现代化公司制度中，管理层往往掌握着更多有关公司投资项目的信息，并且对公司资源配置及投资行为拥有较大的话语权，股东和管理层利益目标的不一致促使管理层有实施非效率投资等机会主义行为为自身谋取私利的动机，而能否实现管理层自利动机和短视行为在很大程度上取决于其所面临的监督机制；在高管权力较大时，董事会往往被管理层所影响和操控，其监督效力被大大削弱，再加之外部治理机制的不完善，高管具备了实现非效率投资的能力和条件。国内外不少学者都证实了高管权力与非效率投资之间的正相关关系。具体的文献汇总如表 2－3 所示。国外文献表明高管出于保护职业安全、个人声誉、谋取个人私利等动机，利用手中的权力进行过度投资或投资不足等非效率投资行为。早在 1985 年纳拉亚南（Narayanan）的研究就发现，高管为了凸显自己在业内的职业声誉和地位，在自身权力较大而监督不到位时，倾向于把资本投向一些能够快速提升短期业绩的项目，而减少一些周期长、风险高的投资，从而引致投资不足，给公司价值带来损害。接着在 1990 年斯图尔兹（Stulz）的研究发现，在股权分散的公司制度中，高管权力往往较大，他们拥有较高的社会地位，掌握着公司关键资源，能够从公司获取更多的私人收益，因此，高管常常具有强烈的过度投资动机以构建自己的"商业帝国"。诺伊和雷贝洛（Noe and Rebello，1997）的研究也证实，有长期留任公司打算的高管，往往利用手中的权力投资于一些长期项目，一方面高管可以从这些项目中获取长期收益；另一方面，也有助于高管职位的长期稳固。随着高管权力的正式提出，关于高管权力经济效果的研究日渐增多。贝布丘克（Bebchuk，2003）等的研究认为，高管权力越大，其寻租能力越强，企业投资决策很可能成为其权力寻租的手段，导致企业非效率投资的产生。戴克和辛加莱斯（Dyck and Zingales，2004）的研究发现公司高管对于私人收益的获取很大程度上取决于公司内部权力的配置，当高管权力较大及监督弱化时，高管往往会通过资本配置安排来攫取私人收益，从而引致过度投资或投资不足，损害了公司利益。格林斯坦和赫里巴尔（Grinstein and Hribar，2004）通过实证研究发现，高管权力显著加大了公司兼并或收购规模，高管从中攫取的私有收益也越高。亚当斯（Adams，2005）的研究表明，当公司高管权力较大时，公司决策权更为集中，更少参考其他人员意见，此时，公司投资决策更多地反映了高管的个人意愿。宣（Xuan，2009）的研究认为，高管权力越大，越可能投资一些其自身比较擅长的项目，以攫取个人私利，同时稳固其在公司的地位和优势。劳伦特和卡罗莱纳（Laurent and Carolina，2010）的研究也证实，通过控制资源来获取更多个人私利成为高管过度投资的重要动机，当高管权力越大时，其对投资决策的话语权和控制权越强，越有可能通过过度投资构建"个人帝国"来谋取私利。

表 2 - 3　　　　　　　高管权力与非效率投资关系的文献汇总

分类	主要观点	代表性文献
国外相关研究	高管出于保护职业安全、个人声誉、谋取个人私利等动机，利用手中的权力进行过度投资或投资不足等非效率投资行为	斯图尔兹（Stulz, 1990） 贝布丘克（Bebchuk, 2003） 戴克和辛加莱斯（Dyck and Zingales, 2004） 劳伦特和卡罗莱纳（Laurent and Carolina, 2010）
国内相关研究	把高管权力作为自变量来直接验证其对非效率投资的影响	刘星、代彬、郝颖（2011） 李胜楠等（2015）
	把高管权力作为调节变量来验证其他变量与企业效率投资之间的相关关系	张丽平、杨兴全（2012） 王茂林、何玉润、林慧婷（2014）

国内学者基于我国特殊的经济制度背景，对高管权力对企业投资效率的影响展开研究，虽起步较晚，但也取得了一系列的研究成果。一部分学者把高管权力作为自变量来直接验证其对非效率投资的影响。刘星、代彬、郝颖（2011）在委托代理理论框架下，以 2004～2008 年我国国有企业为研究样本进行实证分析，结果表明，高管控制权显著增强了企业过度投资行为与多元

化扩张行为，当公司自由现金流充足时，高管权力对公司资本扩张的影响更为显著。谭庆美、李敏（2014）采用 2007～2011 年我国上市公司数据进行实证分析，研究发现，高管权力与公司过度投资水平之间呈显著的正相关关系，即高管权力加剧了企业过度投资行为。高管权力的各个构成指标对过度投资的影响不尽相同，高管担任内部董事、职称越高，则公司过度投资现象越严重；而董事长和总经理两职兼任、高管学历则可以抑制过度投资行为。随后学者们引入不同的情景因素来进一步探讨高管权力与投资效率之间的相关关系。李胜楠等（2015）的实证研究表明，高管权力对公司过度投资的影响受企业产权性质和环境不确定性的影响。在国有企业中，高管权力显著降低了企业过度投资水平，而在民营企业中，高管权力则显著增加了企业过度投资水平；在国有企业中，环境不确定性进一步恶化了高管权力导致的过度投资问题，而在民营企业中，环境不确定则缓解了高管权力带来的过度投资问题。夏宁、邱飞飞（2016）采用 2010～2013 年我国 A 股上市公司数据，引入机构投资者作为调节变量来验证高管权力与非效率投资之间的相关关系，研究结果表明：高管权力与公司非效率投资水平之间呈显著的正相关关系；机构投资者持股可以弱化高管权力引致的非效率投资问题。而不同类型的机构投资者对它们之间关系的作用不同，压力抑制型机构投资者可以缓解高管权力对企业非效率投资的加剧；而压力敏感型机构投资者则没有起到缓解作用。王嘉歆、黄国良、高燕燕（2016）采用 2007～2013 年我国上市公司数据进行实证验证，研究表明：在企业成长期和衰退期，高管权力越大，企业非效率投资水平越低；在企业成熟期，高管权力越大，企业非效率投资水平越高。产权性质和产品市场竞争对它们之间的关系起到了调节作用。另一部分学者，把高管权力作为调节变量来验证其他变量与企业效率投资之间的相关关系。张丽平、杨兴全（2012）采用 2004～2009 年我国上市公司样本数据进行实证验证，研究结果发现管理层激励与公司过度投资呈显著的负相关关系，即管理层激励对过度投资起到了治理作用；而高管权力则显著恶化了公司过度投资行为，且显著抑制了管理层激励对过度投资行为的治理作用，在国有企业中，这种抑制作用更为明显。王茂林、何玉润、林慧婷（2014）的研究结果表明，高管权力显著降低了公司现金股利的发放；并进一步检验了高管权力对公司现金股利与投资效率之间关系的调节作用，发现在自由现金流充裕并且存在过度投资的企业中，股利发放能够显著降低企业过度投资水平，而在自由现金流短缺并且存在投资不足的企业中，现金股利的发放则加剧了投资不足现象。高管权力通过减少现金股利的发放，加剧了过度投资的发生，缓解了企业投资不足现象。石大林、路文静（2014）在动态内生性框架下，探索高管权力、投资机会及非效率投资之间的相关关系。研究表明：高管权力恶化了公司的委托代理问题，加剧了非效率投资的发生；而公司面临的投资机会越多，则非效率投资水平越低；高管权力与投资机会的交互效应对企业非效率投资也有着显著的影响；高管权力与投资机会对当期及下一期的企业非效率投资均产生显著的影响，因此，它们对企业非效率投资的影响是长期的。

2.5　职业生涯关注与企业非效率投资

职业生涯关注的核心思想是指管理者在做一项决策时会考虑对未来收入及职业发展的影响，因为经理人市场及公司董事会根据当前业绩来判断管理者的经营水平和能力，这会激励较为年轻的管理者，因为其职业生涯还很长，其努力工作以提升企业绩效，但这种激励作用会随着高管职业生涯阶段的变化而变化。经理人的职业生涯关注最早在 20 世纪 80 年代被学者法玛（Fama，1980）关注，随后国外学者陆续对其展开了研究，取得了丰富的研究成果，关于职业生涯关注对高管投资行为的研究学者们尚未达成一致的意见。普伦德加斯特和斯托尔（Prendergast and Stole，1996）的研究表明，处于职业生涯初期的年轻管理者往往学习能力更强，对新信息的接受和反应速度快，为了显示自己的能力，在投资决策方面表现得更为激进，更愿意承担风险；而年老的管理者在投资决策方面往往趋于保守。但 1999 年艾弗里和雪佛利尔（Avery and Chevalier）的研究却得出了相左的结论，他们发现年轻的管理者在行为决策上往往更容易随大流，出现羊群效应，因为他们对自身能力还没有一个准确的认知；随着年龄增长，管理者掌握的信息日渐丰富，对自身能力也有了更深刻的把握，此时，高管才会选择高风险的投资决策。伦斯特鲁姆（Lundstrum，2002）的研究发现，由于股东对企业投资项目信息掌握的不完全性，股东和经理人市场只能通过投资项目的业绩来对管理者的经营能力做出判断，因此，管理者为了提高自身的薪酬收入及获得较好的职业声誉，往往具有追求短期结果的倾向，造成非效率投资。

伯特兰（Bertrand，2003）采用高管年龄作为职业生涯关注的代理变量，研究发现高管职业生涯阶段显著影响了公司投资水平，高管年龄与公司投资水平呈负相关关系，年龄越大的高管，越倾向于减少投资支出。瑟夫林（Serfling，2014）的研究也得出了相似的结论，研究认为 CEO 年龄越大，企业风险越小；年龄较大的 CEO 在投资决策上往往表现得更为保守，他们更可能选择一些风险较低的投资项目。陈（2009）创新性地通过信号模型来探索职业生涯关注对投资决策的影响。选择的投资项目风险高低往往是管理者能力高低的体现，出于职业生涯的考虑，管理者往往会选择风险项目以向股东彰显自己的能力；而低能力的管理者同样也会选择高难度、高风险的项目，即使他们的能力可能不足以驾驭该项目，促使项目的成功，但他们通过向股东传递假信号，以掩饰自己的低能力，把自己伪装成高能力者。张（2009）以 CEO 被解雇率作为职业生涯关注的代理变量，研究发现 CEO 被解雇率与公司的研发支出、资产负债率呈正相关关系，CEO 职业生涯关注度越高，公司投资风险越大。严（2013）的研究也表明，CEO 的投资风险偏好随着其职业生涯阶段的演变而不同，随着 CEO 年龄的不断增长，其未来收入总额处于不断减少中，进而降低其做出风险决策的偏好。

国内学者关于职业生涯关注对投资行为影响的研究尚处于初步探索阶段，但也取得了一系列的研究成果。姜付秀（2009）采用 2003～2005 年我国 A 股上市公司数据进行实证研究，发现在国有企业中，管理层年龄与企业过度投资程度呈显著的负相关关系，对于年龄较大的管理层而言，为了保住之前的经营业绩和声誉，其投资行为趋于保守，做出过度投资决策的可能性降低。李培功、肖珉（2012）的研究发现：CEO 既有任期、预期任期均与公司投资水平呈显著的正相关关系；在对投资效率的影响方面，在民营企业中，CEO 的既有任期与预期任期对公司过度投资行为均没有显著的影响，在国有企业中，CEO 的在位时间加剧了公司过度投资问题，CEO 的预期任期时间越短，越能够有效抑制公司的过度投资现象。王颖（2012 年）以 2005～2010 年上市公司数据为研究样本，实证检验了 CEO 职业生涯关注对企业过度投资的影响，研究结果表明：CEO 职业生涯关注与过度投资之间呈显著的"U"型关系，当 CEO 职业生涯关注度高或低时，其往往更倾向于过度投资，造成企业投资效率的低下，并且这种关系受企业产权性质的影响。饶育蕾等（2012）以 2007~2009 年我国 A 股上市公司数据为样本，实证检验职业生涯关注对企业短视投资的影响，采用 CEO 年龄作为职业生涯关注的代理变量，研发投入作为投资眼界的代理变量。研究发现职业生涯关注与公司研发投入呈显著的倒"U"型关系，处于职业生涯关注度高和低两端的 CEO，其投资决策往往更为短视，而当 CEO 处于职业生涯关注中期时，其短视动机减弱，反而更倾向于长期投资。谢珺、张越月（2015）采用 CEO 年龄、CEO 新任作为哑变量来代理职业生涯关注，实证检验 CEO 职业生涯关注对企业重组行为的影响，研究结果表明职业生涯关注度高的 CEO 为了在经理人市场建立良好的职业声誉，获得市场的认可，更倾向于实施公司重组行为，以证明自身的能力；职业生涯关注与企业重组行为之间呈显著的正相关关系。赵西卜、王放、李哲（2015）采用 2003~2014 年央企上市公司数据，实证研究高管职业生涯关注对企业投资效率的影响。研究结果表明：随着央企高管职业生涯关注激励的减弱，公司投资效率也随之降低；而反腐风暴则在其中起到调节作用。

2.6　文献评述与启示

本章首先从委托代理冲突、信息不对称以及风险承担这三个视角系统梳理了企业非效率投资的动因，该部分综述为文章主体部分的高管薪酬激励对企业非效率投资的影响研究奠定了基础，起到重要的铺垫作用。从高管薪酬激励与企业投资效率相关的文献综述中可以发现：由于西方发达国家的资本市场机制较为成熟和发达，高管薪酬激励制度尤其是股权激励制度比较完善，国外学者主要关注高管股权激励与企业投资行为的关系，发现股权激励发挥了其应有的作用，一方面股权激励可以实现股东和管理者的利益协同，达到激励相容，从而缓解企业非效率投资现象；另一方面股权激励可以有效提高高管的风险承担，进而促进效率投资，从这两个视角证实了股权激励在高管投资行为方面的激励效应，得出了较为一致的结论。而目前国内学者关于高管薪酬激励与企业投资效率的研究，大部分都支持高管薪酬激励与企业投资效率显著相关的观点，主要存在着它们之间呈显著的正向相关、负相关及"U"型关系。总体而言，国内外关于高管薪酬激励与企业投资行为的相关研究，取得了较为丰硕的研究成果，也为本书的研究提供了重要借鉴，但还存在着有待深入研究的问题，主要有以下几点：

首先，国内外研究在委托代理框架下主要从高管货币薪酬、股权激励这两个单一子契约来探讨高管薪酬激励与企业投资行为的关系，而在实践中，高管薪酬激励是由不同的激励方式综合构成的，高管薪酬激励发挥作用的往往不是某一个子契约，而是这两种主要的激励方式相互配置和整合、共同发挥作用的结果；另外，学者们发现，高管薪酬激励效应的有效发挥往往不仅取决于薪酬水平，更取决于薪酬结构（Mehran，1995；Jensen and Murphy，1990），而这也是以往研究所忽略的。因此，从研究变量上来看，以往研究较为片面，缺乏整体性和系统性。而这些正是本书要弥补的重要缺口，本书从高管的货币薪酬、股权激励、高管薪酬结构、高管薪酬激励的协同效应四个角度，在"激励—业绩"系列研究的基础上，系统研究高管薪酬激励对企业投资效率的研究，试图验证高管薪酬激励的直接效应，丰富和拓展对该问题的认知边界，试图构建一个较为系统的分析框架。

其次，从国内外文献可以看出，虽然国内外学者对高管薪酬激励与企业投资效率之间的关系做出大量的实证研究，但它们之间的关系尚不明朗，尚未得出一致的结论。究其原因：一方面：由于每个研究的样本量的选择存在差异，也会导致实证结果的不同，如国内和国外的样本差异、股权激励计划实施早期和发展阶段的样本量的差别；另一方面，在变量的测量方面也存在差异，如在股权激励指标的选择上，存在着高管持股比例、是否实施股权激励计划的虚拟变量以及股权激励强度等不同的指标来进行衡量。本书认为最重要的原因在于：研究尚停留在高管薪酬激励与投资效率之间的直接关系的研究方面，尚缺乏对情境因素的考察，没有引入适当的调节变量，以打开它们之间的反应"黑箱"。而这些正是本书的重点所在，以期弥补现有研究的不足。从已有文献可以看出，他们都把管理者看成是同质的，在管理者完全理性的视角下展开，毋庸置疑，高管作为企业投资战略的决策者，其决策行为对企业的投资成败，乃至企业价值的提升有着至关重要的影响。然而在管理实践中，管理者因性别、年龄、教育背景、职业经历等不同，使得他们在认知、情绪等方面也存在很大的差异，进而形成了不同的思维方式，因此，他们对信息的收集、理解等方面也不同，这些都不同程度地影响了高管的投资决策行为及行为后果。对管理者背景特质异质性的忽视，是导致以上研究在探索投资者行为异化时陷入困境的重要原因。目前，国内在高层梯队理论基础上研究管理者背景特征与企业投资关系的文献有限，姜付秀等（2009）以及李培功、肖珉（2012）选择了针对不同的管理者背景特征进行实证分析，从"短期决策""声誉与职业生涯考虑""高管权力""管理知识与技能"等角度解释其同企业投资效率的相关关系，但并未得到一致的结论。卢馨、张乐乐、李慧敏等（2017）采用我国 2010～2014 年 A 股上市公司数据，研究高管团队背景特征对企业投资效率的影响，并考察高管激励对高管背景特征与企业投资效率之间关系的调节作用，研究结果表明：高管团队的平均年龄与任期显著提升了企业的投资效率；高管薪酬激励对高管年龄和投资效率的关系以及高管学历水平和投资效率的关系均具有正向调节效应；高管晋升激励对高管年龄和投资效率、高管学历水平和投资效率以及高管任期和投资效率这三种关系具有正向调节效应，但对高管性别与投资效率的关系具有反向调节效应。王嘉歆、黄国良（2016）创新性地将高管个体特征作为调节变量纳入高管薪酬外部不公平与企业非效率投资之间关系的研究中。研究结果发现：高管年龄、女性高管所占比重显著缓解了高管薪酬外部不公平所引致的过度投资现象，而高管任期、过度自信则显著强化了高管薪酬外部不公平所导致的过度投资现象；高管任期显著增强了薪酬外部不公平对企业投资不足的正向影响，女性高管所占比、乐观主义则显著弱化了薪酬外部不公平对企业投资不足的正向影响。因此，总体来说，将高管特质纳入高管薪酬激励与企业投资行为之间关系的研究中以揭示高管薪酬激励影响企业非效率投资的作用路径，打开它们之间的"反应黑箱"，是更接近现实情境的，具有很强的必要性和现实意义。

最后，以往关于高管权力与企业投资行为的相关研究大多采用一个综合指标反映高管权力，更多地体现了高管代理人的角色，然而高管权力具有复杂性，它由不同的维度构成，而高管代理人或管家角色的体现会因其不同的权力配置而表现出异质性，高管权力的不同维度对企业投资行为以及高管薪酬激励与投资行为之间的关系影响不同，因此，本书将针对这一不足之处，从高管的结构权力、所有权权力、专家权力三个维度系统探讨高管权力对高管薪酬激励与投资行为的影响。关于高管职业生涯关注与企业投资行为的研究，我国目前仍处于初步探索阶段，也尚未取得一致的结论，本书从职业生涯规划的三个阶段出发，系统验证它对高管薪酬激励与企业投资效率的影响，从高管内在决策动机挖掘企业非效率投资的动因，寻求优化投资效率的机制。

| 3 |
概念界定与理论基础

3.1　关键概念的界定

3.1.1　高管薪酬激励

在界定高管薪酬激励的概念之前，先厘清高管的内涵。高管是公司高级管理人员的简称，在公司的经营管理与战略决策中发挥着核心作用。国内外文献对高管的概念界定尚存在一定分歧，总体来说，国内学者主要有三种观点：一是包括高级经理层、董事会、监事会成员在内的所有高层管理团队（魏刚，2000；张俊瑞等，2003；陈冬华等，2005；唐清泉等，2008；陈震等，2011 等）；二是指以公司总经理为核心的执行层面的高级管理人员（张必武、石金涛，2005；吕长江、赵宇恒，2008；刘星等，2012；李胜楠、牛建波，2014）；三是仅狭义的包括公司董事长和总经理（李增泉，2000；谌新民、刘善敏，2003；吴文锋等，2008）。鉴于本书所要研究的高管薪酬激励是在委托代理框架下展开的，高管是代理人身份，是经营者，为避免概念模糊，把高管界定为公司执行层面的高级管理人员，包括总经理、副总经理、董事会秘书、财务总监等，不包括董事和监事层面的人员。

高管薪酬激励作为公司治理的一项重要机制，一方面，能够对高管的努力和付出做出有效的补偿；另一方面，在所有权与经营权分离的现代企业制度中，高管薪酬激励可以有效缓解委托代理问题，激励高管做出与股东利益或公司价值相一致的经营决策。高管薪酬激励主要包括显性薪酬与隐性薪酬，显性薪酬主要是指货币薪酬和股权激励，货币薪酬作为一种短期激励方式，主要包括基本工资和绩效工资，我国上市公司目前普遍采用的是年薪制；股权激励作为一种长期激励方式，包括高管持股、股票期权、虚拟股票、限制性股票等形式，其中高管持股是较为常见的一种股权激励方式。隐性薪酬主要是指在职消费等。本书的研究重点是高管显性薪酬，主要原因在于：目前，货币薪酬依然是我国上市公司高管主要的激励补偿形式，与其他激励方式相比，其风险更低、更稳定，对尚处于财富积累期的高管而言，无疑具有很强的吸引力；我国股权激励虽然起步较晚，但随着股权激励对上市公司业绩提升效应的显现，越来越多的上市公司宣告实施股权激励计划，这种长期激励方式受到越来越多公司的青睐。但在职消费往往因其隐蔽性而难以计算，学者们主要采用直接从年报中查阅在职消费相关项目进行加总，以及用管理费用减去与在职消费不相关的项目等方法来进行测量，但都存在一定的差异。

3.1.2　企业非效率投资

投资是一个内涵丰富的概念，在不同应用领域，国内外学者对其界定存在差异。本书所指的投资是企业为了扩大再生产而进行的长期资产投入，包括购建固定资产、无形资产、其他长期资产和开发支出等，属于实物资产投资范畴。企业的目标是实现价值最大化，而投资对于公司价值无疑有着举足轻重的作用，实现企业价值最大化的投资是最优投资水平，即效率投资。乔根森（Jorgenson，1963）认为，资本投资的最优水平出现在资本的边际收益与边际成本相等时，此时资本投资的效率达到最优，公司价值实现最大化。莫迪利安尼和米勒（Modigliani and Miller，1958）提出在完美无摩擦的组织环境中，能够实现这种资本配置的最优状态。然而在现实中，这种完美无摩擦的组织环境几乎很难存在，在所有权和经营权相分离的背景下，代理成本的存在使得高管往往没有完全按照公司或股东利益最大化的原则来进行投资，信息不对称带来融资成本的上升，这些问题均使得投资水平偏离最优状态，导致非效率投资。根据现代企业投资理论，若将资本投资的净现值小于0的项目，即投资水平大于最优投资量；或放弃一个净现值大于0的项目，即投资水平小于最优投资额，均属非效率投资（Morgado and Pindado，2003）。前者属于过度投资（Jensen and Meekling，1976），后者属于投资不足（Myers，1977），无论是投资不足还是过度投资都不属于资本配置的最优状态，造成了企业投资效率的下降，损害了股东和公司利益。学者们为了寻求投资的最优水平及度量投资效率做了大量的研究，如霍瓦基尼安和蒂特曼（Hovakiniian and Titman，2003）、麦克沃加多等（Mcwgado et al, 2003）和理查德森（Richardson, 2006）等, 尤其是理查德森（2006）的研究成果为后人对企业投资效率定量化的研究提供了重要借鉴和参考。他构建了一个能够估算出企业最佳投资规模的模型, 来检验自由现金流与过度投资之间的相关关系。采用公司当年实际投资水平与估算出的最佳投资水平的差来衡量企业的投资效率, 若公司实际投资水平与最优投资水平之间的差额大于 0, 则说明企业存在过度投资的情况, 若该差额小于 0, 则说明企业存在投资不足。同时, 采用该回归模型的残差 ε 来替代非效率投资水平, 若残差值大于 0, 则为过度投资; 若该残差值小于 0, 则为投资不足。为了便于理解, 在本书的实证分析中, 对 ε 进行了绝对值处理, 该值越大, 表明企业的非效率投资情况越严重。

3.1.3　高管权力

国内外学者对高管权力的界定亦莫衷一是。拉贝（Rabe）在 1962 年首次提出高管权力的概念, 并将其定义为高管达成自身意愿的能力。马奇（March, 1966）认为管理层权力是一种压制不同意见的能力。普费弗（Pfeffer, 1981）则把高管权力定义为公司高管在完成既定目标过程中克服阻力的能力。芬克尔斯坦（Finkelstein, 1992）提出高管权力是一种综合能力的体现, 是促使企业的发展战略朝自身意愿发展的能力, 并将其做了具体划分。也有一些学者从薪酬的研究视角出发, 认为高管权力是对薪酬制定的影响力和谈判能力。国内学者认为, 国有企业改革等中国特有的制度背景导致了高管权力的不断膨胀与失衡, 权小锋等（2010）从这个角度出发, 认为高管权力是在内外部治理机制尚不完善的情况下, 高管所彰显出的超越其特定权力范畴的公司控制权。综上所述, 本书认为高管权力是在公司内部治理缺陷与外部监督约束机制缺乏的情况下, 高管所拥有的执行自身意愿的综合能力, 主要是指能够对薪酬制定、企业的经营和战略决策等产生某种预期效果的能力, 其本质是公司剩余控制权的扩张。

芬克尔斯坦（Finkelstein, 1992）将高管权力具体划分为专家权力、声望权力、所有权权力和结构权力。高管的专家权力、声望权力均属于高管的非正式权力, 是由高管个人的知识、声誉、经验等形成的以应对环境不确定性及对企业的影响力; 一般由高管的任期、学历、兼任情况等来进行衡量。高管所有权权力与结构权力均来自组织和科层的制度安排，属于高管的正式权力，高管结构权力是指高管因公司安排的法定职务而拥有的对公司及成员的影响力，一般采用董事长总经理是否两职合一、董事会规模等来进行衡量。影响高管所有权权力的主要是企业所有权安排，其决定了公司剩余索取权的分配，一般采用股权制衡度、第一大股东持股比例、管理层持股等指标来衡量，专家和声望权力一般采用高管任期、学历、在其他公司的兼任情况等来衡量。综上所述，高管权力是一个综合指标，单方面指标均从不同侧面反映了高管权力，本书结合相关文献及我国的具体情况，采用三个维度，即高管专家权力、高管结构权力和高管所有权权力；八个指标，即高管任期、高管兼任情况、高管职称、两职合一、董事会规模、独立董事比例、股权集中度、股权制衡度来综合表征高管权力，这八个指标之和的平均值越大，说明高管权力越大。

3.2　相关理论基础

3.2.1　委托代理理论

委托代理理论是公司治理领域研究的逻辑起点，同时也是高管薪酬激励问题的理论来源，其本质在于如何在信息不对称条件下实现委托人与代理人之间的利益目标协同一致以及对代理人的有效激励。在古典企业模式下，企业主既是所有者也是经营者，两者合二为一，因此，不存在委托代理问题。伴随着社会的发展和社会分工的日趋专业化，企业规模逐渐扩大，日益复杂和完善的组织机构使得企业主难以身兼数职，需要将公司的经营管理权交给更加专业的职业经理人，来提高公司运作效率，由此产生了所有权与经营权的两权分离，也是现代公司制的典型特征。伴随着两权分离，所有者与经营者之间的委托代理问题随之出现。

伯勒和米恩斯（Berle and Means，1932）选取美国上市公司作为样本，研究发现股权分散是上市公司的普遍现象，较小的股权使得股东们没有动力对经营者进行有效监督，掌握公司实际控制权的管理者往往会为了个人私利而做出有损股东财富的行为，所有者与管理者之间的利益目标冲突导致了委托代理问题的产生。随后，越来越多的学者致力于研究信息不对称及利益目标不一致的情形下，委托人与代理人之间的契约设置。詹森和麦克林（Jensen and Meckling，1976）认为企业内部存在一系列的契约。企业所有者通过协议把公司经营管理权交给管理者，此时，所有者成为委托人，管理者成为代理人。为了最大限度地促使管理者以公司价值最大化为目标而进行经营活动，股东需通过薪酬契约给予管理者相应的报酬，并对其实施监督与约束。委托代理问题存在的两个前提条件是双方均是理性的经济人及信息不对称。股东和管理者均以自身利益最大化为原则，股东的目标是公司价值或股东财富最大化，而管理者的目标是获得更高的薪酬水平、在职消费、更多的闲暇时间及更好的工作环境等。由于股东拥有了公司大部分的剩余索取权，而管理者仅享有其中的一小部分，使得管理者在经营管理过程中有为自身谋福利的动机。即使有契约的约束，信息不对称的存在也为管理层的机会主义行为提供了可能，在企业经营过程中，作为代理人的经营者往往对公司情况更了解，具有明显的信息优势；而作为委托人的股东往往因不直接参与公司的经营以及掌握的信息不充分而无法对经营者实施有效的监督，管理者在自利动机的驱使下往往会做出有利于自身私利最大化的经营决策，甚至不惜牺牲公司或股东的利益，导致了高昂的委托代理成本。

3.2.2　信息不对称理论

美国经济学家乔治·阿克洛夫于20世纪70年代最早提出了信息不对称理论，该研究主要基于二手车市场买卖问题，提出了"逆向选择"的现象，由于买方和卖方对于车辆信息的了解程度不一样，卖方向买方隐瞒车辆存在的缺陷等问题，买方则在无法判断车辆质量好坏的情况下尽量压低价格，进而导致车辆质量好的卖家不愿意卖出，质量差的车辆则在市场上横行，从而出现"逆向选择"现象，最终形成"劣币驱逐良币"的局面。因此，信息不对称理论是指交易中的双方由于掌握的信息不一致，所导致的信息掌握不充分的一方在交易中处于劣势而致使自身利益受损，而信息掌握充分的一方则在交易中拥有优势，进而为自身谋取更多的利益。根据信息不对称发生在缔结协议之前还是发生在缔结协议之后，分为事前信息不对称问题与事后信息不对称问题，缔结协议前的信息不对称引发"逆向选择"问题，而缔结协议后的信息不对称引发"道德风险"问题。"逆向选择"是指协议签订之前，一方利用自己掌握的多于对方的信息而使自身获得更多的收益，并使对方的利益受损，进而导致市场效率低下及资源配置扭曲的现象。"道德风险"是指协议签订之后，交易的一方由于难以观察到另一方的行为，掌握着丰富信息的一方往往会采取机会主义行为，为自身谋取私利，以实现自身利益最大化，并损害另一方的利益。

企业在进行股权融资时，由于管理者与外部投资者之间的信息不对称导致的"逆向选择"，可能会引发管理者的过度投资或投资不足现象（Myers and Majluf，1984）。由于外部投资者对公司信息掌握的不完备，引致公司股价被高估或低估的现象发生。对公司内部经营信息了如指掌的管理者如果判断公司的股价被低估，则会采取减少外部融资的策略，进而导致一些净现值大于0的项目得不到投资，给企业造成投资不足现象；相反，如果管理者判断公司的估计被高估，则会大力推进该股权融资项目，筹集来的资金甚至用于一些净现值小于0的项目，引致过度投资现象。另外，由于股东与经理人之间的信息不对称而引发的"道德风险"，也可能会导致高管非效率投资现象（Jensen and Meckling，1976），由于高管的行为及工作过程难以被股东观察和监督，基于"理性人"的假设，高管会通过过度投资或投资不足来实现个人私利最大化，而不是企业价值的最大化。

信息不对称带来的"逆向选择"和"道德风险"问题均造成了资本配置效率的低下，如图3-1所示，进而影响了企业价值的增长和长期发展。向资本市场传达积极的信号，激励和约束代理人的败德行为成为解决信息不对称问题的关键所在，对于公司内部治理机制而言，设计合理的高管薪酬激励机制可以有效降低信息不对称，在实现公司价值最大化的基础上，促进高管个人利益的实现。

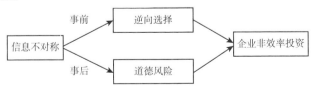

图3-1 信息不对称导致非效率投资的路径

资料来源：笔者整理。

3.2.3 风险承担理论

风险是指收益或损失的波动性，企业中最大的风险来源于投资，一项好的投资决策会给企业带来高收益、更多的现金流，进而促进企业价值的提升，而一项失败的投资决策可能会给造成公司价值的下降、声誉的受损，甚至发生破产风险等。高管风险承担是指高管在投资决策过程中，理性或非理性的主动承担风险，选择那些预期收益较好，可以带来未来现金流，但风险又较高的项目。相对应的风险规避是指在投资决策过程中，倾向于选择那些风险较低的项目，而不以其是否能够给企业带来更多的未来现金流为标准。一般而言，高风险对应的是高收益，选择投资高风险的项目也是企业获得更高收益乃至促进企业发展的重要手段。在完美无摩擦的组织环境中，高管应该投资于净现值大于零的项目，而不去过多地考虑风险，进而达到最优投资。然而在现实中，由于股东和经理人的风险偏好不同（Hemmer et al.，1996；Panino et al.，2005），股东往往属于风险中性，股东投资的项目往往比较多，因为股东承担的风险是相对风险，他们更愿意去承担一定的风险来博得较高的收益；而相对高管来说，一般属于风险规避型，一方面高管拥有企业较少的剩余索取权，另一方面高管不像股东那样拥有多项投资，一项投资决策的风险直接影响其自身收益甚至未来职业生涯的发展，在这两方面的权衡之下，高管一般倾向于选择规避风险。因此，在企业投资决策中，高管往往会放弃那些净现值大于零，但风险较高的项目，造成投资不足，或过多地投资于那些风险较低，但净现值甚至小于零的项目，进而给企业造成了过度投资，造成了企业投资效率的低下。查克拉伯蒂等（Chakraborty et al.，2007）的研究发现解雇风险是高管在投资决策中考虑的重要因素，表现为解雇风险越高，公司的股票回报波动率越低，说明高管在考虑解雇风险因素时，更愿意选择风险水平较低的投资项目。

那么，要促使高管和股东的投资决策一致，就要在公司内部制度设计中实现高管未来要承担的风险与收益挂钩，进而促进高管利益与公司利益的协同与一致。针对高管薪酬激励制度的设计而言，与公司业绩挂钩的高管货币薪酬，可以提高高管的风险承担水平，促使其接受收益较高但风险也较高的投资项目。另外，股权激励被认为是缓解高管由于风险规避而导致的投资行为异化的有效手段。高管拥有公司股权时，其收入直接与公司收益挂钩，而高风险将带来高收益，因此，股权激励促进了高管的风险承担，促使其做出有价值的投资策略。布莱克和斯科尔斯（Black and Scholes，1973）的研究发现高管股权激励价值与公司股价波动紧密相关。投资项目风险越大，高管的财富增长越快，因而高管对于薪酬有了无限的想象空间，进而更愿意去承担风险，去接受一些可以带来预期价值但风险也较高的项目，缓解高管由于规避风险而造成的非效率投资问题。并且高管股权激励价值与公司股价波动的敏感性越大，则越能够提高高管对风险的承担，进而抑制了高管由风险规避而引致的非效率投资现象，促进了效率投资，提升公司绩效。

3.2.4 最优契约理论

在两权分离的现代企业制度中，股东把公司的经营权交给管理者，从而产生了委托代理关系，为缓解股东和管理者之间的信息不对称，降低代理成本，股东对管理者进行激励约束以实现双方利益的最大化。高管薪酬激励制度无疑是解决委托代理问题的核心机制，最优契约理论认为通过把高管薪酬水平与企业业绩挂钩，即企业业绩越好，高管所获得的薪酬水平就越高，以实现股东利益和高管利益的协同一致，高管个人利益的实现是以公司利益最大化为前提条件的。即通过股东大会选举出董事会，董事会选聘经理人，并制定出符合公司利益最大化的最优薪酬契约，并与高管签订该最优契约，以企业业绩作为考核指标，促进双方共同利益的实现，达到激励相容。其中隐含的假设条件是：董事会是代表股东利益的，能够完全站在股东的立场公平公正地与高管进行薪酬谈判；董事会是相对独立的。

也有不少学者通过构建数量模型来对最优契约理论进行阐释。代表性的有，霍姆斯特罗姆（Holmstrom，1979）构建了短期静态博弈模型，认为在股东难以观察到经理人的行为时，可以通过经理人的行为结果来对其进行考核，实施奖励和惩罚，这种薪酬激励机制称之为显性激励机制。拉德纳（Radner，1981）构建了基于动态多阶段重复博弈模型，在显性激励机制难能奏效，短期静态博弈模型不能对其做出很好的解释时，长期委托代理关系为该问题的解释提供了新视角，认为如果委托人和代理人之间签订了长期契约，委托人能够更加有效地观测到代理人的行为及努力程度并进行考核，从而减少了代理人的自利行为；而长期契约关系也使代理人的风险得以分散，为了维护其职业声誉，委托人和代理人更倾向于遵守契约，促使委托代理关系的稳定和发展。法玛（Fama，1980）提出管理者的薪酬水平和市场价值取决于其以往的经营绩效，因此，出于职业声誉及未来收入的考虑，管理者会恪守职责，积极努力地工作。国内外学者们围绕最优契约理论，也陆续展开了一系列的实证研究。主要围绕高管薪酬是否与企业绩效挂钩来检验高管薪酬契约的有效性，存在着高管薪酬与企业绩效正相关、负相关与无相关关系三种观点，相关文献在第 2 章的高管薪酬激励有效性相关文献综述中已有列示，在此不再赘述。

3.2.5 高管权力理论

最优契约理论认为可以通过设计合理的薪酬激励契约来解决股东和经理人之间的委托代理问题，通过将高管薪酬与企业绩效挂钩，来促进高管和公司之间的利益协同，进而实现双方利益的最大化。然而，最优契约理论实现的假设条件是苛刻的，与现实中高管薪酬契约状况相差甚远。因此，不少学者开始质疑和反思最优契约理论，贝布丘克等（Bebchuk et al.，2002）的研究指出最优契约理论的实现必须要满足三个条件：董事会谈判的有效性；市场条件发育成熟并且具有有效的约束性；股东能够有效行使权力。然而，现实中这些条件往往并不能达到，导致最优契约理论的失效。首先，董事会薪酬谈判有效性的前提是董事会的独立性，然而在实践中，高管往往对董事的提名起着重要作用；董事出于对共同利益及自身职业声誉的考虑，常常选择与高管"共谋"，致使董事的独立性得不到保障，因而董事不能完全站在股东立场上与管理层进行薪酬谈判。另外，由于信息不对称及监督成本的存在，造成了董事对管理层的监督并非充分，以上种种因素均导致了董事会的薪酬谈判并不十分有效。控制权市场和产品市场对高管薪酬的约束十分有限（Bebchuk et al，2002），因此，市场力量只能在高管薪酬严重偏离最优契约时进行适度的限制和引导，它对高管薪酬的影响往往并不像预期那么有效。理论上说，当董事会不能有效发挥作用，市场机制发育不成熟、市场约束并不十分有效时，股东可以通过起诉董事会、对管理层持股计划进行投票等方式来行使权力从而对高管薪酬产生约束，促进最优契约的达成。然而在现实中，股东行使这些权力的难度大、成本高且成效甚微。当以上三个条件均不能达到时，最优契约理论的有效性便大打折扣。

贝布丘克和弗里德（Bebchuk and Fried，2002；2004）在对最优契约理论提出质疑和讨论的基础上，通过一系统研究和思考，从高管权力视角解释高管薪酬契约问题，进而提出了著名的高管权力理论，当高管掌握公司控制权时，高管可能会操控董事会而使之无法真正制定和执行薪酬契约，反而会出现高管和董事会共谋的现象，从而达到高管自定薪酬的目的；高管权力越大，其攫取的权力租金越高，高管薪酬水平就越高。从某种程度上说，高管薪酬不再是缓解股东和高管之间代理问题的方式，而是一种新的代理问题的产生，即董事会与股东之间的代理问题。然而，有利于高管个人私利但不利于公司价值最大化的高管薪酬契约能否获得董事会批准，还受到外部利益相关者"愤怒成本"的约束，因为"愤怒成本"会给董事和高管的声誉带来损害，影响其职业发展前景。外部利益相关者对高管薪酬契约的感知和认可非常重要，因此，薪酬契约的制定者与受益者有"掩饰"薪酬方案的动机和行为，如根据公司经营业绩的好坏来制定不同的高管薪酬标准，还包括一些高额的退休福利计划、养老金计划等。这些行为模糊了高管薪酬与业绩之间的挂钩程度，掩盖了高管攫取权力租金的事实，降低了高管薪酬契约的有效性，也更有力地解释了最优契约理论中不能解释的高管薪酬异象。

一系列的经验证据表明高管权力对高管薪酬水平及薪酬业绩敏感度均产生了重要影响。詹森和墨菲（Jensen and Murphy，1990）采用实证分析的方法，研究发现高管权力与高管薪酬水平之间呈显著的正相关关系。汉布里克和芬克尔斯坦（Hambrick and Finkelstein，1995）的研究发现，处于高管控制下的公司，其高管薪酬水平的增加幅度更快。纽曼和莫兹（Newman and Mozes，1997）的研究表明，当高管参与到薪酬委员会中时，高管薪酬水平越高，薪酬业绩敏感度越低。法伦布拉赫（Fahlenbrach，2009）采用实证分析的方法，实证检验了高管权力对高管薪酬的影响，研究发现由董事长总经理两职合一、董事会规模等六个指标综合得出的高管权力指标与高管薪酬水平之间显著正相关。莫尔斯（Morse，2011）的研究表明，当公司高管权力较大时，其往往通过操控董事会进而影响业绩考核指标，从而达到自定薪酬、获取更多个人私利的目的。比龙和奥滕（Berrone and Otten，2008）采用 17 个国家的公司数据进行实证分析，研究表明，在有效控制其他指标的情况下，高管权力对高管薪酬水平具有显著的正向影响，证实了高管权力理论在不同国家的适用性。伴随着高管权力理论的逐步发展，越来越多的国内学者关注高管权力对高管薪酬激励契约的影响。张必武和石金涛（2005）的研究指出，高管对董事会的影响和操控使得董事会监督职能不能得以真正发挥，导致高管薪酬与企业业绩挂钩程度低的现象发生。王克敏和王志超（2007）通过实证研究发现，当高管权力较大时，其可以通过权力自定薪酬，提高薪酬水平直接获取权力租金，而无须通过盈余管理来间接攫取个人私利。卢锐等（2008）采用 2001～2004 年我国上市公司数据，实证检验高管权力与高管在职消费、公司业绩的关系，研究表明高管权力与在职消费之间呈显著的正相关关系，但对企业绩效却没有显著的正向影响。权小锋等（2010）采用 2004～2007 年国有上市公司数据进行实证分析，研究发现在国有企业中，高管权力与高管货币薪酬、超额在职消费均呈显著的正相关关系。代彬（2011）采用实证分析的方法研究国有企业高管权力对薪酬契约的影响，研究结果表明：国企高管权力越大，高管薪酬水平及超额薪酬也就越高，并且高管与员工之间的薪酬差距越大。刘星和徐光伟（2012）以 2005～2010 年我国国有企业为样本进行实证研究，发现高管利用权力通过作用于薪酬契约引致薪酬业绩敏感性存在显著的不对称性，表现为薪酬向下的刚性和向上的弹性，说明高管有利用权力攫取个人私利的动机。杨蓉（2014）采用实证分析的方法，研究发现，我国垄断行业上市公司普遍存在着自定薪酬的情况，高管控制权越大，其薪酬水平越高。高管主要通过盈余管理、财务重述、在职消费等方式来影响其薪酬。吕长江和赵宇恒（2008）通过实证研究发现，控制权大的高管并不需要通过盈余管理的手段来迎合董事会的激励与考核等方面的要求，可以自定薪酬；而控制权较弱的高管更关注货币薪酬，需要通过盈余管理来达到董事会激励考核的目的。

3.2.6 职业生涯关注理论

职业生涯关注理论是构建在不完全信息市场中的委托代理框架下，在两权分离的现代企业制度中，股东与管理者之间的委托代理问题普遍存在，董事会通过制定一系列激励约束机制来促使管理者的经营以公司价值最大化为目标，促使股东和管理者之间实现利益协同。但由于信息不对称的存在，管理者的经营能力不易被观察到，公司董事会和经理人市场只有通过公司经营绩效来判断管理者的经营能力，并作为是否对其续聘、确定薪酬水平等的依据。因此，管理者的当前业绩影响其未来薪酬水平乃至职业发展前景，这促使管理者在做出当前决策时考虑对未来职业发展的影响，此时，职业生涯关注成为一种隐形的激励，管理者尤其是年轻的管理者出于职业生涯发展的考虑，努力工作，不断提升，做出最优的经营决策以提升企业绩效，但这种激励效应会随着管理者职业生涯发展的不同阶段而不同（Kini and Williams，2012）。

早在 20 世纪 80 年代法玛（Fama，1980）就开始关注职业生涯关注理论，指出它将会成为委托代理理论的延伸，认为经理人市场中可以建立一种"事后机制"，即公司当前绩效对管理者未来职业发展的影响机制。这种机制将激励管理者努力工作、积极经营以形成良好的职业声誉，获取更好的就业机会、提升自身在经理人市场中的讨价还价能力。霍姆斯特罗姆（Holmstrom，1999）在法玛研究的基础上构建了职业生涯关注模型，正式提出职业生涯关注是一种隐性激励机制。由于经理人市场根据公司的当前绩效来推断管理者的经营能力，进而决定了其未来收益及职业前景。基于对职业生涯的关注，处于职业生涯初期的管理者往往工作更努力，以期获得委托人对其经营能力的认可，从而缓解了股东和管理者之间的委托代理问题，降低了管理者的道德风险。格雷厄姆（Graham，2004）的研究证实了职业生涯关注在管理者身上的存在性，因为董事会往往根据当前绩效来调整对管理者经营能力的认知，而这种认知直接影响了管理者收入，也是是否续聘的重要依据。纳姆（Nam，2008）根据管理者职业生涯阶段对职业生涯关注度进行区分。认为处于职业生涯早期的管理者往往职业生涯关注度更高，进而导致其经营决策更为激进；随着管理者在市场上逐渐形成良好的职业声誉，其激进程度逐渐降低；处于职业生涯晚期的管理者往往职业生涯关注度较低，因而其经营决策更为保守。

3.3　本章小结

本章对关键概念进行了界定，对相关理论进行了梳理，构建了全书研究的理论框架。本书将高管界定为代理人身份，主要是指包括总经理、副总经理、董事会秘书、财务总监等在内的公司执行层面的高级管理人员，不包括董事和监事层面的人员；将非效率投资界定为公司投资偏离最优投资水平的程度；结合我国的实际情况，将高管权力界定为在公司内外部治理及监督机制不完善的情况下，高管所拥有的执行自身意愿的综合能力，主要是指能够对薪酬制定、企业的经营和战略决策等产生某种预期效果的能力。委托代理理论、信息不对称理论及风险承担理论解释了两权分离的现代企业制度中非效率投资的主要原因，最优契约理论解释了高管薪酬激励对企业非效率投资的治理作用，高管权力理论解释了作为外部治理特征的高管权力通过如何影响高管薪酬激励效应以及非效率投资而对它们之间的关系产生调节效应；职业生涯关注理论解释了作为高管内部心理特征的职业生涯关注如何影响高管的投资决策动机进而影响高管薪酬激励与企业非效率之间的相关关系。从高管的外部治理特征和内部心理特征两个视角来深入探讨高管异质性特征对高管薪酬激励与企业非效率投资之间关系的影响，形成一个系统的逻辑框架，也为本书主要的三个实证分析奠定了理论基础。

| 4 |
理论分析与研究假设

本章综合运用委托代理理论、最优契约理论、高管权力理论及职业生涯关注理论，构建了关于高管薪酬激励与企业非效率投资之间的综合概念模型。通过严密的逻辑推演，提出相应的研究假设，为下一章的实证分析做出理论铺垫。

4.1　理论分析框架

在两权分离的现代企业制度中，股东和管理层之间的委托代理冲突，致使管理者出于获取个人私利、享受安逸的生活或管理者防御等动机进行投资不足或过度投资等非效率投资；由于信息不对称，管理者往往存在逆向选择和道德风险，融资成本的变动或个人私利的动机都促使高管产生非效率投资行为；享有不对等剩余索取权的高管在面对需要承担大部分投资风险和损失，而投资收益大部分归股东所有的情况下，选择了风险规避，在投资项目的选择上往往倾向于选择低风险的投资项目，引致非效率投资。最优契约理论认为，设计合理的高管薪酬契约能够有效缓解股东和经理人之间的委托代理问题，实现他们之间的利益目标一致，促使高管做出有利于公司利益最大化的经营决策。本书认为，合理的货币薪酬水平可以对高管的工作和努力做出补偿和激励，促使高管更加关注企业投资效率的提高及企业业绩的提升。股权激励作为一种长期激励形式，一方面能够将高管的个人财富与公司价值实现挂钩；另一方面，增强了高管对投资风险的承担能力，进而有助于高管做出增加股东财富的投资决策，降低委托代理成本。而合理的薪酬结构，长期激励与短期激励的有机结合能够更有效地发挥高管薪酬激励对投资效率的治理作用。

作为高管外部治理特征的管理层权力无疑对高管薪酬激励与企业投资行为有着至关重要的影响，但高管权力具有复杂性，不同的权力配置下，其作用效果也存在差异。本书从高管所有权权力、高管结构权力、高管专家权力三个维度来考察高管权力对高管薪酬激励与企业非效率投资之间的关系的影响。高管在所有权权力和结构权力的驱使下，往往倾向于行驶"代理人"的角色，以追求个人私利最大化为目标，企业投资顺理成章地成为其权力寻租的手段，使得投资偏离最优投资水平，造成非效率投资，加上高管利用权力对薪酬激励契约的干预，双重共振效应削弱了高管薪酬激励对企业非效率投资行为的治理作用；相反，高管在专家权力的驱使下，往往倾向于行驶"管家"角色，高管利用自身积累的经验、知识和职业经历，来给企业及员工带来正向的影响，从而获得尊重和认同，因此，高管专家权力有助于高管做出最优的投资决策，降低企业非效率投资，从而强化高管薪酬激励对企业非效率投资的治理作用。

而作为高管内部隐性个人特征的职业生涯关注对高管投资决策也有着不可忽视的影响，处于职业生涯初期的高管，其职业生涯关注度较高，由于急于向经理人市场和股东证明自己的经营能力，其往往在投资决策上比较激进，注重短期收益，而不能从企业的长远利益考虑，进而加剧了企业非效率投资，抑制了高管薪酬激励对非效率投资的治理作用；处于职业生涯中期的高管，其职业生涯关注度适中，此时的高管在公司的地位已较为稳固，其更多地关注企业长期价值的提升，因此，更加致力于企业投资效率的优化和长期投资，从而增强了高管薪酬激励对非效率投资的治理作用；而处于职业生涯末期的高管，其职业生涯关注度较低，有限的职业生涯促使其没有动力致力于长期投资，投资行为也较为保守，引致企业投资效率的下降，弱化了高管薪酬激励对非效率投资的治理作用。

高管薪酬激励和企业非效率投资之间关系的理论框架和模型如图4-1所示。

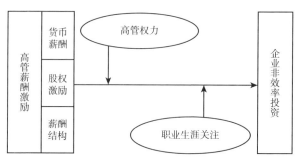

图4-1　理论分析框架

4.2　高管薪酬激励对企业非效率投资的影响分析

投资决策对于企业的发展与价值提升至关重要，然而我国上市公司普遍存在着过度投资或投资不足等非效率投资现象。很显然，无论是过度投资还是投资不足都不是投资的最优决策，非效率投资行为不仅影响企业绩效，还损害股东财富。委托代理理论认为，非效率投资的主要原因是股东和经理人之间的代理问题，在两权分离的现代化公司制度中，高管往往拥有公司的资源配置权，但出于自身利益考虑，他们可能并没有以公司价值最大化为原则进行投资。而高管薪酬激励契约被认为是缓解股东和经理人之间代理问题的核心机制，最优契约理论认为，有效的高管薪酬设计应该是薪酬水平与企业绩效呈正相关关系，进而实现股东和经理人利益目标一致。那么，在中国公司治理实践中，高管薪酬激励是否发挥了其治理效应呢？学者们围绕高管薪酬与企业绩效的关系做了一系列研究，如李增泉（2000）研究认为，我国上市公司高管薪酬与企业绩效没有显著的相关关系；辛清泉等（2009）发现，伴随着我国市场化改革的不断推进，上市公司高管薪酬与企业绩效之间基本呈现了相关性特征。然而，这些研究均直接检验高管薪酬与企业绩效之间的相关关系，鲜有文献关注对其中间环节即投资行为的研究，投资对企业绩效无疑有着重要影响，是高管薪酬激励影响公司绩效的桥梁。那么，高管薪酬激励对企业投资行为有着怎样的治理效应？

本书要研究的高管薪酬激励主要是指高管的显性激励形式，即高管货币薪酬与股权激励，以下将从高管的货币薪酬、股权激励、高管薪酬结构、高管薪酬激励的协同效应这个4个方面来探讨高管薪酬激励对企业非效率投资的影响。

4.2.1　高管货币薪酬对企业非投资效率的影响

在经营权与所有权分离的现代化公司中，一方面，高管往往掌握着公司的投资决策权；另一方面，股东和高管之间的代理问题普遍存在。代理问题是影响企业投资行为的重要因素，当股东和高管利益目标不一致时，高管在自身利益驱动下，可能会违背股东利益最大化原则，产生非效率投资行为。通过增加投资、扩大企业规模，高管可以控制更丰富的资源，进而从中获取更高的私人收益，因此，高管倾向于通过扩大投资来营造"商业帝国"，甚至把资源投向一些净现值小于零的项目，从而导致过度投资；另一方面，在面对一项新的投资时，高管需要付出一系列私人成本，包括承担一定的监督和管理风险，花费更多的时间、精力去学习新知识以应对新的投资项目，原来安逸的生活可能会被打破。当这项投资决策所带来的私人收益小于私人成本时，高管可能会放弃一些优质项目的投资，导致企业投资不足。高管薪酬契约作为解决代理问题的天然机制，无疑对高管投资决策行为有着重要影响。詹森和麦克林（Jensen and Meckling，1976）的研究证实制定合理的薪酬契约制度能够有效缓解股东与高管之间的代理问题，激励高管做出有利于公司价值的决策，实现高管与公司之间利益目标趋同。目前，货币薪酬依然是我国上市公司高管主要的激励补偿形式，与其他激励方式相比，其风险更低、更稳定，对尚处于财富积累期的高管而言无疑具有很强的吸引力。高管薪酬水平可以使高管的努力与付出得到较好的激励和补偿，进而促使其更加关注公司投资决策的合理性，避免因投资不足或过度投资而给公司价值带来损害，企业投资效率得以提升。另外，根据马斯洛需求理论，人的需求从低到高分为五个层次；只有在低层次需求得以满足后，才会有更高层次的追求；对于高管而言，在其获得足够的薪酬回报之后，才会有尊重和自我实现的需求。反映在投资行为方面，高管会更加关注企业投资效率的提升，避免因个人私利而导致的非效率投资行为，实现公司价值的提升，以获得更多的尊重和更高的业内声誉。辛清泉（2007）发现当高管货币薪酬过低而不能对其工作和努力做出激励和补偿时，容易诱发其过度投资行为；詹雷、王瑶瑶（2013）通过实证检验管理层激励与企业过度投资之间的相关关系，发现当管理层薪酬水平较低时，其往往倾向于通过过度投资来提高自身的货币薪酬水平，但损害了公司利益。刘怀珍等（2004）也证实了高管货币薪酬激励不足将容易引致高管通过非效率投资来谋取个人私利，以增加他们的收益。吴等（2007）的实证研究表明，高管货币薪酬激励能够有效削弱高管为了谋取个人私利而采取非效率投资策略的动机。从以上分析可以看出，当高管货币薪酬水平合理时，就会对高管非效率投资起到抑制作用；相反，当高管货币薪酬水平较低时，高管将会在自利动机的驱使下，进行非效率投资行为，基于此，提出假设1。

H1：高管货币薪酬水平与非效率投资之间呈显著的负相关关系。

4.2.2　高管股权激励对企业非效率投资的影响

自2006年《上市公司股权激励管理办法（试行）》颁布，股权激励在中国上市公司正式实施，促进了我国高管薪酬激励制度的进一步完善。股权激励计划实施的最初目的是解决公司的委托代理问题。在现代化公司制度中，高管由于不能获取公司剩余索取权而产生自利行为，往往不以公司或股东利益最大化来进行经营活动，而股权激励通过授予高管一部分股权来使其获取剩余索取权，从而缓解委托代理问题，实现高管和股东之间的利益趋同。经典文献詹森和麦克林（Jensen and Meckling，1976）的研究证实，实施股权激励可以有效实现高管和所有者之间的激励相容，实现利益协同，促使高管提高企业经营效率，进而提升企业绩效。然而并不是所有学者都认同利益趋同的观点，随后在1983年法玛提出了壕沟效应，即随着高管持股水平的逐步提高，其投票权和话语权越来越大，从而使得高管不再受外部压力的约束，高管持股一定程度上沦为代理问题的一部分。即股权激励既有利益协同的一面，也有沟壕效应的一面。股权激励的双重效应同样适用于其对投资效率的影响，首先基于股权激励的积极效应，作为一种长期激励方式可以把高管利益与企业长期价值的增长挂钩，高管会尽量避免因个人私利而导致的投资不足或过度投资行为，促使高管做出有利于公司价值最大化的投资决策，提高投资效率。国内外研究文献表明，股权激励可以有效降低高管与所有者之间的委托代理问题，促使高管做出最优的投资决策。拉齐尔（Lazear，2004）的研究证实股权激励在有效解决所有者与高管之间信息不对称问题的同时，还发挥了信息筛选的作用，使得高管选择一些净现值大于0的项目进行投资，从而提高了投资效率。科尔斯等（Coles et al.，2006）发现CEO股权激励可以显著增加CEO对风险的承担，促使高管与股东之间的风险偏好趋同，因而更加高管勇于选择一些高风险的投资项目。吕长江、张海平（2011）通过实证验证了股权激励与高管投资行为的因果关系，发现股权激励能够显著减少企业过度投资行为，也缓解了投资不足的现象。然而当股权激励比例较高时，其消极效应逐渐显现。一方面，高管的薪酬收入与公司价值关联紧密，高管担心高的风险投资会影响其所持的股票价值进而影响其自身利益带，因此，在面临高风险的投资项目时，高管持谨慎和保守的态度，甚至放弃一些高风险，但盈利的项目，以维持现有的收益。另一方面，伴随着高管股权激励比例的上升，其拥有更多的控制权，在公司决策中逐渐占主导地位，此时，高管可能会利用公司资源为自身谋福利，甚至不惜以牺牲企业的投资效率为代价，进而衍生出新的代理问题。本米勒克等（Benmelech et al.，2010）的研究发现股权激励会提高高管隐藏公司不利信息的可能，加大其接受非最优投资项目的风险。汪健、卢煜和朱兆珍（2013）以2005～2011年中小板上市公司为样本，发现股权激励加剧了企业的过度投资现象，降低了企业投资效率。

因此，基于股权激励的双重性及以上分析，本书认为股权激励与企业投资效率之间存在显著的非线性关系，即随着股权激励比重的不断提高，其对投资效率的影响经历了一个由提升到抑制的过程。股权激励于投资效率的有效性主要取决于高管在实施投资项目时所产生的私人成本与私人收益的权衡。在高管所付出的私人成本小于私人收益时，此时处于股权激励不足的状态，随着股权激励力度的加大，高管从投资中分享到了更多收益，股权激励的治理效逐渐增强，高管也更加关注公司投资决策的合理性，避免因投资不足或过度投资而给公司价值带来损害，非效率投资水平逐渐下降；但当薪酬水平超过一定的界限时，高管需要承担的投资失败的风险加大，而放弃一些新的投资项目，同时较高的话语权和决策权使得高管拓展了其获取收益的渠道，股权激励的积极效应逐渐显现，进而导致企业投资效率下降。因此，股权激励对高管投资行为的治理作用存在一个合理区间，适度的股权激励水平能够激发高管的工作积极性，促使其做出合理的投资决策，提高企业投资效率，股权激励与企业非效率投资的关系如图4-2所示。据此，提出假设2。

H2：股权激励与企业非效率投资之间呈显著的"U"型关系，即先下降后上升的关系。

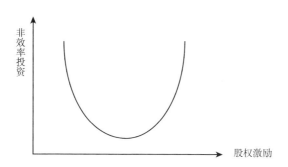

图 4 - 2　股权激励与企业非效率投资的关系

4.2.3　高管薪酬结构对企业非效率投资的影响

薪酬激励制度作为解决高管与股东之间委托代理问题的重要机制，薪酬激励水平无疑对高管起到了一定的激励作用，但众多的研究表明薪酬结构比薪酬水平具有更明显的激励效果。梅赫兰（Mehran，1995）的研究发现真正对高管起到激励作用的不是高管薪酬水平，而是高管的薪酬构成，薪酬激励的形式甚至比薪酬水平对企业绩效的提升更具价值。詹森和墨菲（Jensen and Murphy，1990）提出，支付给高管的薪酬多少不是关键，关键是支付形式，即薪酬的构成是什么。罗大伟和万迪防（2002）的研究也证实货币薪酬与权益薪酬的比例对激励效果产生显著的作用。本书把高管薪酬激励总额划分为货币薪酬与股权收益，不同的薪酬结构安排对高管在投资行为方面的激励效果是不一样的，因此，高管薪酬激励体系中每一部分所占比重就显得尤为重要，本书把薪酬结构定义为权益收益占薪酬总额的比重。一般而言，企业投资具有风险高、周期长的特点，根据管理层防御理论，高管具有充分的动机追求声誉、权利和高薪等；高管基于自身利益的考虑，往往有构建"商业帝国"等过度投资和规避风险等投资不足的行为产生，作为理性的经济人，高管是否关注企业投资效率主要取决于其能否从投资行为中获益。根据赫茨伯格的双因素理论，激励分为保健因素与激励因素，保健因素往往起到消除不满情绪的作用，激励因素才能够真正起到调动被激励者工作积极性的作用。对于高管薪酬激励对企业投资效率的影响而言，高管货币薪酬往往与企业短期绩效挂钩，对高管起到的是保健作用，对具有长期性投资的激励作用往往比较有限；而股权激励属于风险薪酬，其通过实现高管收益与企业长期价值的协同，激励高管更加关注企业的投资效率，避免因投资不足或过度投资而给公司价值带来损失。康等（2006）通过实证研究发现，高管股权收益占总薪酬的比例对公司长期投资起到了显著的促进作用，在考虑了内生性问题之后，该结论依然成立。雷鹏、梁彤缨（2016）的研究发现在同等货币薪酬水平下，管理层以权益薪酬为主的公司比以货币薪酬为主的公司研发效率更高。因此，综上所述，股权收益在高管总薪酬中所占的比例越高，企业非效率投资水平越低，据此，提出假设3。

H3：高管权益收益占薪酬总额的比重越高，企业非效率投资水平越低，即薪酬结构与非效率投资之间呈显著的负相关关系。

4.2.4 高管货币薪酬与股权激励的协同效应

然而在实践中，随着上市公司激励契约制度的不断完善，股权激励制度的兴起，越来越多的公司采用多种激励方式相结合的激励契约组合，各个子契约之间的交互及整合效应显得尤为重要。研究表明，一种治理机制的使用往往呈现出边际效应递减的现象，甚至会产生负面影响，不能达到效率的最优化，多种治理机制的融合才可以达到最佳治理效果（Belloc，2005；Agrawal，2001）。不同治理机制之间存在着交互效应，这种观点同样适用于高管薪酬激励机制，单一激励方式的作用是有限的，各个不同的激励方式之间存在互补或互替效应，在不同激励机制的交互作用下才可以达到最佳效果，从而避免对某一种激励方式的依赖而带来的负面效应。对于企业投资效率而言，高管货币薪酬作为一种短期回报形式，是在高管做出合理决策、付出相应的努力之后获得的稳定收入，货币薪酬促使高管关注公司短期绩效；而股权激励作为一种长期激励方式，与公司的长期价值紧密相连，促使高管更加关注公司的长期投资，并提高高管的风险承担能力。因此，高管货币薪酬与股权激励的组合有效兼顾了短期激励与长期激励，两种激励方式的协同与整合共同促进了企业投资行为，提高了企业投资效率。埃德曼斯等（Edmans et al.，2012）构建了高管薪酬激励契约的动态模型，从促进公司长期价值增长、减少机会主义行为的视角出发，解释了高管货币薪酬与股权激励之间的配置机制，证实了两种激励方式之间的互补效应。徐宁、徐向艺（2013）的研究发现，高管股权激励与薪酬激励在对研发投入的作用中存在协同效应，两者之间存在互补关系，两种激励方式的整合共同促进了公司研发投入。短期激励与长期激励的有机组合即可以满足企业高管生存的基本物质需求和精神需求，又可以激发高管的价值实现欲望，有效促进企业的近期和远期绩效。因此，以提升企业投资效率为导向的高管薪酬激励契约应该是短期激励与中长期激励方式的有机组合，即高管货币薪酬与股权激励的整合与协同，据此，提出假设4。

H4：高管货币薪酬与股权激励具有协同效应，共同抑制企业非效率投资。

高管薪酬激励对企业非效率投资影响的概念模型及研究假设如图4 – 3所示。

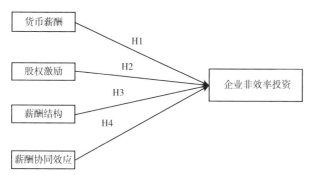

图4 – 3　概念模型一

4.3　高管权力视角下的高管薪酬激励与非效率投资

高管权力理论在我国具有很强的适应性，在中国企业改革过程中，政府权力不断下放，高管权力日益彰显，国有企业在所有者缺位的情况下，衍生出了严重的内部人控制问题；民营企业因受政府约束少，管理层的权力欲望也逐步得到释放。高管权力的膨胀导致其权力寻租的动机，企业投资行为一定程度上沦为其权力寻租的"合理"手段。已有文献表明高管权力越大，其自由量裁权越大，企业投资决策更多地体现了管理者个人意志。那么，高管权力是否降低了企业投资效率？而高管薪酬激励对企业非效率投资的治理作用是否受到高管权力的影响？

在我国上市公司中，高管利用自身权力通过非效率投资为自身谋取私利的案例亦比比皆是，例如，2005年，××实业公司原董事长张某滥用权力，涉嫌经济诈骗，侵吞国有资产数亿元，被上海市公安机关立案侦查。2002年，张某被任命为××实业总经理，在其担任××实业总经理两年半的时间内，××实业经营每况愈下、对外投资与日俱增、关联交易频频发生、现金大量流出，几乎被"掏空"。2002年，××实业的每股收益是0.209元。而到了2003年，××实业的当年业绩仅为每股收益0.127元，业绩下滑近40%。而截至2004年三季度，××实业每股收益仅0.085元。据当时媒体估计，张某为××实业造成的各种经济损失高达8亿元。在××实业，董事会形同虚设，一些议案在提交董事会审议时，根本就不提供相关资料。在董事们难以作出独立判断的情况下，张某的意见无疑起到主导性作用。总经理一人"说了算"，高管权力制衡机制没有发挥作用，××实业成了张某的"私人资产"。张某滥用手中权力，利用××实业的平台进行"资本运作"，通过民间融资，借助资金取得××实业的控制权，再通过××实业高价投资收购一些资质较差的公司，而这些公司则是张某早前以低价购入的实际控制公司或关联公司。通过左右倒手，张某通过实际控制关联企业，将××实业的巨额资产转移到自己手中，给××实业造成了巨大的经济损失。

在两权分离的现代化公司制度中，高管对公司资源配置及投资行为拥有较大的话语权，而能否实现非效率投资等机会主义行为很大程度上取决于其所面临的监督机制是否有效，若监督有效，则高管的自利行为就难以实现。然而，当公司高管权力较大时，董事会监督职能就可能形同虚设，因为高管对董事会成员具有提名权，其可以通过安排亲信或其他方式来控制和影响董事会。在内部董事会监督效力被削弱以及外部监督机制尚不完善的环境下，高管权力不能得到有效的制约和规范，往往对企业的决策和行为影响更大，基于有限理性的假设，高管具备了权力寻租的动机和能力。此时，高管可以按照自身利益最大化原则来安排企业投资项目，在私人收益和私人成本权衡之下，高管可能会盲目投资，通过构建"商业帝国"来达到攫取权力租金的目的，从而导致过度投资；王茂林等（2014）证实，高管权力显著增强了高管增加投资、扩大企业规模的可能，企业投资效率恶化。另外，高管与股东在面对风险时的态度是截然不同的，高管是典型的风险厌恶者，当一些净现值高但风险也较高的项目出现时，考虑要承担的风险和成本，可能会选择放弃，甚至投资于一些有利于其个人私利最大化的项目，从而给企业造成投资不足。贝布丘克等（Bebchuk et al.，2002）的研究发现，高管权力越大，其越有可能通过非效率投资实现权力寻租；芬克尔斯坦等（Finkelstein et al.，2009）认为由于高管往往对公司的经营状况更为了解，因而可以利用信息优势为自身谋取私利。然而，高管权力的构成较为复杂，不同的权力配置与维度，其发挥的作用也各异，对企业投资行为的影响也不一样，因此，本书从高管的结构权力、所有权权力、专家权力三个维度来深入探讨它们对高管薪酬激励与非效率投资行为之间关系的影响。

4.3.1 高管结构权力视角下的高管薪酬激励与非效率投资

高管的结构权力是指通过组织赋予高管的法定职位和地位而产生的对公司其他成员的影响力。公司的内部治理结构对高管结构权力产生了直接的影响（Jensen and Mecking，1976；Harzell and Titman，2006），其在很大程度上影响了对高管的监督与约束，进而决定高管在决策和行为上的自由度（Finkelstein et al. 2009）。因此，本书采用董事长和总经理两职合一、董事会规模及独立董事比例这三个指标来综合表征高管结构权力，两职合一时取值为1，否则为0；董事会规模超过样本平均值时取值为1，否则为0；独立董事比例低于样本平均值时取值为1，否则为0。根据控制权理论，高管结构权力越大，其掌握的公司各类重要资源就越多，此时，高管与董事谈判的能力也越强。所以，当公司高管结构权力较大时，董事会监督效力被削弱，高管甚至操控了董事会，董事会往往形同虚设，在外部治理机制尚不完善的环境下，高管往往行驶其"代理人"角色，通过企业非效率投资来实现其对个人私利的追逐。因此，高管结构权力加剧了企业非效率投资行为。具体而言，当董事长和总经理两职合一时，总经理权力高度集中，高管和股东之间的委托代理问题加剧，信息不对称问题更为严重，同时高管所面临的内部监督和外部制度约束减弱，他们具备了通过非效率投资为自身谋取最大化利益的动机和能力，而不去考虑是否有利于公司价值的提升。利普顿等（Lipton et al.）的研究表明，董事长和总经理两职兼任时，高管权力越大，越能显著提高公司非效率投资水平。另外，詹森（Jensen，1986）的研究发现，董事会规模超过一定数量时，董事会将难以发挥其监督效力，并且往往被高管操控。董事会规模越大，董事会内部权力越分散，高管权力越大，董事之间存在着"搭便车"心理，而难以对高管的非效率投资行为起到监督和约束作用。因此，董事会规模促进了高管权力的膨胀，加剧了企业非效率投资行为（Morse，2011）。公司独立董事比例较小时，高管所受的外部监督较小，高管权力较大，高管非效率投资等机会主义行为更容易实现。

另外，高管结构权力还大大削弱了高管薪酬激励对企业投资行为的激励效应。高管权力理论认为，当高管权力足够大时，管理者可以通过俘虏董事会进而影响其对高管薪酬契约的制定与执行，甚至凌驾于董事会之上，达到自定薪酬的目的。首先，高管结构权力越大，高管薪酬水平越高，且薪酬与企业投资、企业绩效的相关性也越低；此时，高管不再关注企业投资效率，甚至不惜以影响企业绩效来实现私人收益的最大化。其次，高管结构权力越大，其通过权力寻租而获取私人收益的渠道得以增加和拓宽，高管收益的形式将不仅仅局限于货币薪酬、持股收益，还包括更多的在职消费以及通过拓展企业规模而获取的其他收益。当高管无须单纯依靠薪酬激励补偿来获取收益，自然薪酬激励管理者努力工作、做出最优投资决策的效用就大大减弱。最后，高管结构权力越大，其通过盈余管理操纵企业业绩的可能性也越大，进而掩盖了非效率投资行为给公司绩效带来的损害。奥滕（Otten，2008）以17 个国家的上市公司薪酬数据为样本，发现高管会利用其自身的权力，通过各种方式包括并购、盈余操纵等来提升自身的薪酬水平，进而降低薪酬水平与投资效率及公司绩效的挂钩程度。从以上分析可知，由高管结构权力导致的董事会监督效应削弱以及高管薪酬激励机制的失效，双重共振效应弱化了高管薪酬激励对企业非效率投资行为的治理作用。据此，提出以下假设：

H5a：高管结构权力抑制了高管货币薪酬与非效率投资之间的负相关关系。

H5b：高管结构权力抑制了高管股权激励与企业非效率投资之间的"U"型关系。

H5c：高管结构权力抑制了高管薪酬结构与非效率投资之间的负相关关系。

4.3.2　高管所有权权力视角下的高管薪酬激励与非效率投资

公司所有权安排直接影响公司剩余索取权的分配，毋庸置疑，所有权安排是高管权力的重要来源。公司所有权配置主要是指股权安排，包括股权集中度与股权制衡，也是衡量高管所有权权力的两个重要指标。股权集中度，用第一大股东持股比例来表示，第一大股东持股比例越高，高管权力越小，相反则高管权力越大，因此，当第一大股东持股比例超过样本平均值时取值为 0，否则为 1。当公司存在大股东的情况下，因大股东所占股份较多，与公司利益的一致性较高促使其有动机去监督和约束高管的决策和行为，进而制约了高管权力的滥用，抑制高管的非效率投资行为。黄志忠（2006）的研究发现，当第一大股东持股比例较高时，高管难以利用权力和公司资源实现个人私利，抑制了高管的过度投资行为。相反，当公司股权越分散，管理层通过过度投资获取私人收益的可能性就越大。股权制衡度用第一大股东持股比例/第 2～10 大股东持股比例之和来衡量，当第 1 大股东持股比例/第 2～10 大股东持股比例之和小于 1 时，取值为 1，否则为 0。公司股权制衡度越高，各股东之间存在"搭便车"的心理，对高管的监督和约束就越弱，因而高管权力相应就越大。此时，高管拥有较强的企业控制权和信息优势，其行为和决策甚至不受公司治理制度的约束，在较强自利动机下，投资成为高管寻租的合理途径；其可以利用公司资源进行过度投资为自身获取更多的资源和收益，也可以通过投资不足来规避其不愿承担的风险，甚至投资于有利于其个人私利的项目，因而加剧了企业非效率投资行为，降低了公司价值。詹森等（Jensen et al.，1986）的研究表明，股权分散度越高，股东对高管的约束就越弱，高管往往容易利用其掌握的权力实施有利于其自身私利的投资行为。徐莉萍等（2008）的研究发现，在股权制衡度高的企业，高管权力没有得到约束，股东之间在各自利益诉求的驱动下，明争暗斗，做出不利于公司利益的投资决策。综上分析，高管在所有权权力的驱使下，更多地表现为"代理人"角色，恶化了企业非效率投资现象。戴克等（Dyck et al.，2004）的研究也证实，权力较大的经理人把企业视为提升自身人力资本的工具，在经营管理过程中，即使所投资的项目会损害全体股东利益，只要能够提升其私有收益和人力资本，管理层也会不遗余力地推行。可见，随着高管权力的增大，管理层会以个人收益最大化原则对企业资源进行配置。另外，高管薪酬体系此时也成了其为自身谋福利的正当理由和手段，高管利用其在公司的绝对控制权，通过控制董事的提名、参与薪酬委员会等方式影响甚至操控董事会薪酬契约体系的制定，为自身谋取更高的薪酬；并通过更多的渠道来增加自身的收益，高管薪酬业绩敏感度降低。高管薪酬激励效应减弱，高管无须通过做出最优决策，提升企业绩效来获取更高的薪酬水平。高管权力导致的企业非效率投资及高管薪酬激励效应的削弱，双重共振效应抑制了高管薪酬激励对非效率投资的治理作用。据此，提出以下假设：

H6a：高管所有权权力抑制了高管货币薪酬与非效率投资之间的负相关关系。

H6b：高管所有权权力抑制了高管股权激励与非效率投资之间的"U"型关系。

H6c：高管所有权权力抑制了高管薪酬结构与非效率投资之间的负相关关系。

4.3.3 高管专家权力视角下的高管薪酬激励与非效率投资

高管结构权力和所有权权力均来源于组织和制度的安排，均属高管的正式权力；而高管专家权力是由高管个人的知识、经验、社会声誉等构成的可以应对不确定性的能力及对企业与他人的影响力，属于高管的非正式权力。借鉴相关文献，本书选取高管任期、高管兼任及高管职称作为高管专家权力的衡量指标，总经理任期超过样本均值时取值为 1，否则为 0；高管在其他公司有兼任的情况取值为 1，否则为 0；公司高管高级职称总数超过样本平均值时取值为 1，否则为 0。高管通过个人的知识、声望和积累来解决组织中存在的不确定性，影响组织及他人并获得成功，促使高管有着较高的组织认同感和使命感，在达成个人利益目标的基础上，实现更高层次的需求，如被尊重、被认可等成就动机。此时的高管更多地表现为"管家"角色，体现其"社会人"的一面，在投资决策中更多地考虑组织利益，工作积极努力，从而促进公司投资效率的提升及企业绩效的增长。托西（Tosi，2003）的研究证实，当高管表现为"社会人"一面时，其在企业投资行为中往往会选择最佳投资方案，促进企业投资效率的最大化。具体而言，总经理任职年限越长，经验越丰富，对业务更加熟悉，对于投资项目的分析和判断更加精准；高管对公司的控制力越强，越有能力应对各种不确定性，在做企业投资决策时更加理性和长远，不会因为风险而放弃一些盈利性好但周期较长的项目；另外，高管任期越长，对公司其他成员的影响力越大，在投资决策过程中提高了和公司团队成员之间沟通交流的质量和效率，有效避免错误决策的发生，促进效率投资。姜付秀等（2013）发现，高管任职时间较长时，更容易获得董事会信任，高管的权力也越大，进而能够显著影响企业的投资行为。谢佩洪等（2017）的研究表明，在企业成熟期，高管任职期限与过度投资水平呈显著的负相关关系，即任职年限能够有效抑制企业的过度投资行为。高管兼任影响企业投资行为的主要机制是：高管可以更快、更准确地获取各类有关投资决策的异质性关键信息和资源，促进高管知识和经验的积累，有效降低信息不对称，弥补信息缺失，促使高管更有效地做出正确的投资决策，实现效率投资。另外，由于对各类信息和资源的获取更加有效，进而形成了高管的积极声誉和更高的声誉价值，出于对声誉资源的重视和维护，高管倾向于通过更加勤勉和尽职尽责的工作，来避免因自己决策失误而给公司带来过度投资或投资不足，继而给公司价值带来损失。而当高管拥有高级职称时，说明其在该领域具有专业的知识与水平，能够更为有效地实现效率投资，避免非效率投资的发生。综上所述，高管专家权力有效减低了因信息不对称及决策失误而带来的非效率投资，进而强化了高管薪酬激励对企业非效率投资的治理作用。据此提出以下假设：

H7a：高管专家权力强化了高管货币薪酬与非效率投资之间的负相关关系。

H7b：高管专家权力强化了高管股权激励与企业非效率投资之间的"U"型关系。

H7c：高管专家权力强化了高管薪酬结构与非效率投资之间的负相关关系。

高管权力对高管薪酬激励与企业非效率投资之间关系调节效应的概念模型及研究假设如图4-4所示。

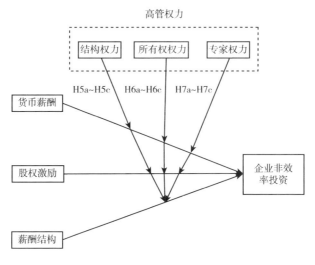

图 4 – 4　概念模型二

4.4　职业生涯关注视角下的高管薪酬激励与非效率投资

　　企业投资决策和行为不仅受高管权力等外在治理特征的影响，还受到高管职业生涯关注这种内在隐性特征的影响（Brickley，1999）。因为高管的职业生涯关注直接影响高管的决策动机及投资行为。那么，高管不同的职业生涯关注度对企业非效率投资有着怎样的影响？进而又对高管薪酬激励与非效率投资之间的关系起到怎样的作用？在我国，由高管职业生涯关注的变化而引发的各类投资行为异化现象也比比皆是，如2001年××集团爆发财务危机后，公司主营业务陷入低谷，临近退休的总裁豪掷5亿元投资房地产，希望能在火爆的房地产行业中得到超额回报以重振企业；2000年××酿酒企业规模收缩，到2002年职工半年生产、半年放假，临近退休的董事长却大手笔投资短期国债，遭遇总额达到1亿元的投资损失；2013年，××公司总经理，临近退休时滥用手中权力，擅自对外向房地产公司拆借资金、过度投资，不及时披露信息，不遵守公司制度规章，未能切实履行高管职责，给××公司造成巨大的经济损失。

　　职业生涯关注理论构建于委托代理理论的基础之上，在信息不对称的环境下，经理人的经营水平一般难以被外界观察到，董事会和劳动力市场只能根据经理人的当期业绩来判断其经营能力，并据此作为是否聘用以及制定、调整相应薪酬水平的依据，因此，经理人当前业绩影响其未来的薪酬收入以及在市场上的就业机会。据此，管理者会基于职业生涯关注的考虑做出经营决策，提升公司的当前绩效，使自己的经营能力和水平获得公司董事会、股东及市场的认可。学者们也都相继证实了高管职业生涯关注的客观存在，并对高管的决策动机与行为产生至关重要的影响。高管职业生涯关注对企业投资决策的影响因其所处阶段的不同而不同。一般而言，年轻的高管，正处于职业生涯初期，其职业生涯关注度往往比较高，为了让自身的工作能力尽快得到公司董事会的认可，在经理人市场上树立起良好的声誉，避免被解雇的风险，高管的投资行为往往比较激进，倾向于重复投资于一些短期容易获利的项目或投资于一些自己比较熟悉或被证明是高收益的项目，以提升企业短期绩效，但给企业造成了过度投资，降低了企业投资效率。随着高管年龄的增长，在高管职业生涯进入末期时，其职业生涯关注度往往比较低。高管已没有动力去进行一些长期风险项目的投资，一方面，高管为了保住其之前的经营成果和声誉，其投资行为趋于保守，尽量减少一些项目的投资，给企业造成投资不足，损害了企业投资效率；另一方面，高管为了能够在自己职业生涯末期给企业带来更多的利润或给自身带来更多的私人收益，往往投资于一些短期容易获利的项目而不去考虑项目本身存在的风险，进而导致企业非效率投资，给企业造成经济损失。

国内外文献也都不同程度地证实了以上观点，纳拉亚南（Narayanan，1985）提出的"薪酬扭曲理论"认为，管理者在从业初期更偏好短视投资，由于劳动力市场尚未建立对其经营才能的全面评价，他们往往通过投资于短期投资项目并在近期内产生大量现金流以期劳动力市场将此视作管理者优异经营才能的表现，从而迅速提升其在劳动力市场的价值。普伦德加斯特和斯托尔（Prendergast and Stole，1996）通过建立经理人信号传递模型，从管理者学习能力的角度研究其投资决策行为。他们指出，年轻的管理者为了显示自己超强的学习能力，倾向于夸大对新信息的反应程度，并采取一些较为激进、大胆的投资行为；而年老的CEO在做出决策时表现得更加保守，这是为了向外界传递一种信息，即他们在过去已经掌握了精确的信息，若此时做出过于积极的反应，则相当于对自己过去的决定以及对自己能力的一种否定。因此，年轻的 CEO 为了充分展现自己的能力，建立良好的职业声誉，会倾向于做出风险更高的投资行为。伦斯特鲁姆（Lundstrum，2002）通过实证研究发现，公司研发费用与 CEO 年龄呈显著的负相关关系，年轻的 CEO 更热衷于投资研发项目，随着 CEO 年龄的增长，研发费用日趋下降。伯特兰（Bertrand，2003）采用 CEO 年龄作为职业生涯关注的代理变量进行实证研究，研究结果表明，CEO 职业生涯关注显著影响了企业投资水平，CEO 年龄越大，往往越倾向于降低企业投资水平，即随着 CEO 年龄的不断增长，企业投资水平呈下降趋势。李（2017）采用实证研究的方法，发现公司投资行为受到高管职业生涯关注的显著影响，年轻的高管，一般处于职业生涯初期，更急于证明自身的能力，他们在投资行为方面表现得更激进，进行更多的投资活动。谢珺、张越月（2015）以 2003～2012 年我国 A 股上市公司数据为样本，实证检验 CEO 职业生涯关注与企业重组行为之间的相关关系，研究发现：年轻的 CEO 和新任 CEO，其职业生涯关注度较高，为了展现自己的能力，他们更倾向于实施重组活动；进一步研究发现，在不同产权性质的企业中，这种影响具有一定的差异性。郭世俊、王颖（2016）采用 2007～2014 年我国上市公司数据，在职业生涯关注理论的基础上进行实证分析，研究结果表明：当 CEO 处于职业生涯初期时，往往更愿意承担风险，投资行为更为激进，从而增加研发投入，一方面向股东和董事会证明自己的能力，另一方面为以后的职业发展奠定基础。

综上所述，在高管职业生涯初期和晚期时，其职业生涯关注度分别处于较高和较低的水平，往往容易加剧高管的非效率投资动机。另外，对处于职业生涯初期的高管而言，其薪酬水平往往并不是很高，高管对自身未来职业发展的关注超过其对薪酬水平的关注，即高管薪酬机制的激励效用被大大削弱；同时，对处于职业生涯晚期的高管而言，相比薪酬激励，高管更重视对自身声誉的保护或对短期收益的获取，高管薪酬的激励作用被弱化。因此，当高管处于职业生涯早期和晚期时，一方面强化了高管的非效率投资动机；另一方面，削弱了高管薪酬的激励效应，进而弱化了高管薪酬激励对企业非效率投资的治理作用。据此提出如下假设：

H8a：高管处于职业生涯早期和晚期时，高管货币薪酬与非效率投资之间的负相关关系被弱化。

H8b：高管处于职业生涯早期和晚期时，高管股权激励与非效率投资之间的"U"型关系被弱化。

H8c：高管处于职业生涯早期和晚期时，高管薪酬结构与非效率投资之间的负相关关系被弱化。

而当高管处于职业生涯中期时，高管的职业生涯进入成熟期，其能力逐渐得到公司认可，在经理人市场也逐步建立起良好的声誉；高管此时在公司的地位较为稳固，面临的被解雇风险较小，股东还有很多机会对高管的经营能力进行评估。因而，此时高管的职业生涯关注度处于中等水平，高管投资行为不再像初期一样激进和短视，也不像晚期那样保守，反而更多地投资于一些有利于公司长期价值的项目，促进公司投资效率的优化及公司可持续发展。纳拉亚南（Narayanan，1985）提出的"薪酬扭曲理论"中认为，随着高管从业经验的丰富，劳动力市场对其评价会更加全面和准确，因而高管进行短视投资的概率亦随之降低。饶育蕾等（2012）通过实证研究发现，CEO 职业生涯关注与投资眼界之间呈显著的倒 U 型关系，当 CEO 处于职业生涯初期和末期时，其往往具有强烈的短视动机和显著的短视行为，而当 CEO 处于职业生涯中期时，其投资行为则更注重企业长期价值的实现。

综上所述，当高管处于职业生涯中期时，其职业生涯关注度处于中等水平，高管具有更强的动机致力于公司投资效率的提升及公司长期价值的增长。另外，处于职业生涯中期的高管，其薪酬水平往往较高，薪酬往往能够较好地补偿高管的努力与付出，因而薪酬机制对其具有较好的激励作用。双重效应强化了高管薪酬激励对企业非效率投资的治理作用，据此，提出如下假设：

H9a：高管处于职业生涯中期时，高管货币薪酬与非效率投资之间的负相关关系被强化。

H9b：高管处于职业生涯中期时，高管股权激励与非效率投资之间的"U"型关系被强化。

H9c：高管处于职业生涯中期时，高管薪酬结构与非效率投资之间的负相关关系被强化。

职业生涯关注对高管薪酬激励与企业非效率投资之间关系调节效应的概念模型及研究假设如图 4 - 5 所示。

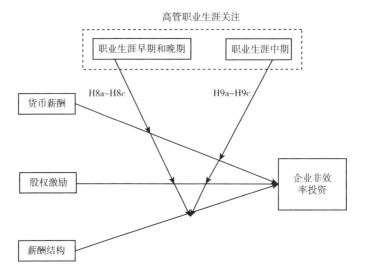

图 4 - 5　概念模型三

5

研究设计

本章在上一章理论分析的基础上，对提出的研究假设进行汇总，详细阐述了研究样本的选取及数据来源、变量的测度、数理模型的构建等内容。尤其是在变量的选取和测量方面，本书参考和借鉴了相关研究成果及指标应用，充分保证后面大样本实证分析的严谨性和理论适用性。

5.1   研究假设汇总

根据上一章的理论分析，对提出的研究假设进行汇总，如表 5 – 1 所示。具体来说，本书试图构建有关高管薪酬激励对企业非效率投资影响机理的三个相关子研究理论框架。H1 ~ H4 旨在验证高管薪酬激励对企业非效率投资的治理作用；H5a ~ H7c 分别从高管结构权力、所有权权力、专家权力三个维度厘清高管权力对"高管薪酬激励—非效率投资"的权变影响；H8a ~ H9c 分别从职业生涯关注的不同阶段验证高管职业生涯关注对"高管薪酬激励—非效率投资"的调节效应。

表 5 – 1   研究假设汇总

层次一：高管薪酬激励对企业非效率投资的影响机理
H1：高管薪酬水平与非效率投资之间呈显著的负相关关系
H2：股权激励与企业非效率投资之间呈显著的"U"型关系，即先下降后上升
H3：高管股权收益占激励总额的比例越高，企业非效率投资水平越低
H4：高管货币薪酬与股权激励具有协同效应，共同抑制了企业非效率投资
层次二：高管权力对高管薪酬激励与非效率投资之间关系的调节效应
H5a：高管结构权力抑制了高管货币薪酬与非效率投资之间的负相关关系
H5b：高管结构权力抑制了高管股权激励与企业非效率投资之间的"U"型关系
H5c：高管结构权力抑制了高管薪酬结构与非效率投资之间的负相关关系
H6a：高管所有权权力抑制了高管货币薪酬与非效率投资之间的负相关关系
H6b：高管所有权权力抑制了高管股权激励与企业非效率投资之间的"U"型关系

层次二：高管权力对高管薪酬激励与非效率投资之间关系的调节效应
H6c：高管所有权权力抑制了高管薪酬结构与非效率投资之间的负相关关系
H7a：高管专家权力强化了高管货币薪酬与非效率投资之间的负相关关系
H7b：高管专家权力强化了高管股权激励与非效率投资之间的"U"型关系
H7c：高管专家权力强化了高管薪酬结构与非效率投资之间的负相关关系
层次三：职业生涯关注对高管薪酬激励与企业非效率投资的调节效应
H8a：高管处于职业生涯早期和晚期时，高管货币薪酬与非效率投资的负相关关系被弱化
H8b：高管处于职业生涯早期和晚期时，高管股权激励与非效率投资之间的"U"型关系被弱化
H8c：高管处于职业生涯早期和晚期时，高管薪酬结构与非效率投资的负相关关系被弱化
H9a：高管处于职业生涯中期时，高管货币薪酬与非效率投资的负相关关系被强化
H9b：高管处于职业生涯中期时，高管股权激励与非效率投资之间的"U"型关系被强化
H9c：高管处于职业生涯中期时，高管薪酬结构与非效率投资之间的负相关关系被强化

5.2   样本选取和数据来源

本书以我国 2012~2016 年沪、深两市 A 股上市公司为样本，为保证数据质量，对样本进行了如下处理：①剔除 ST 企业；②剔除银行、证券等金融类企业；③剔除相关公司治理指标缺失的样本；④剔除数据存在异常值的公司样本；⑤由于本书考察的高管薪酬激励内容包括高管货币薪酬与股权激励，因此，剔除掉没有高管持股的企业。最终共获得 6735 个样本。各项数据指标主要来源于国泰安数据库，部分资料通过查阅上市公司年报、新浪财经等网站加以补充，并通过手工统计计算出高管权力等指标。多元回归分析使用的软件是 STATA14.0。

5.3   变量定义及度量

5.3.1   因变量及其度量

研究中的因变量为企业非效率投资。目前，关于非效率投资的测量主要使用三种模型：投资—现金流敏感性模型（Fazzari, Hubbard and Petersen, 1988）、现金流与投资机会交乘项判别模型（Vogt, 1994）和残差度量模型

（Richardson，2006）。

投资—现金流敏感性模型。由于信息不对称，企业面临一定的融资约束，融资约束越严重的公司其内部现金流对投资行为的影响越大，融资约束程度与投资现金流敏感性呈现出正相关关系。法扎里、哈伯德和彼得森（Fazzari、Hubbard and Petersen，1988）在探究企业面临的外部融资约束与投资行为之间的关系时，首次提出了投资—现金流敏感性模型，简称 FHP 模型。即：

$$(I/K)_{it} = f(X/K)_{it} + g(CF/K)_{it} + \varepsilon_{it} \qquad (5-1)$$

其中：I 代表资产投资，K 为公司期初资产存量，X 为以 Tobin's Q 表示的企业投资机会，CF 表示企业内部现金流，f 和 g 分别表示投资机会和企业内部现金流的函数。FHP 模型将企业投资与企业内部自由现金流结合，开创了企业投资行为研究，扩展了企业自由现金流研究，但在实际应用中存在一定的缺陷：一是模型无法辨别非效率投资的具体类型，即投资不足或投资过度，无法量化非效率投资的程度；二是模型根据融资约束程度分组，采用公司性质、股利支付率作为指标，存在较强的主观性；三是融资约束只是影响企业投资—现金敏感性的因素之一，忽略了代理问题等其他因素，也会导致投资与现金的敏感。我国学者对该模型时进行了适当改进，引入了主营业务增长率、上期销售收入、现金存量、财务杠杆和年度控制变量等因素的影响，对 FHP 进行了改进。如李维安（2007）、支晓强与童盼（2007）等引入 Tobin Q 和主营业务增长率变量，张功富（2007）则增加了上期的销售收入和现金持有变量。部分学者在应用中改变了部分变量的衡量标准，如喻坤（2014）使用 FHP 模型时，用规模加权行业平均 Tobin Q 度量投资机会。部分学者延伸了 FHP 模型的应用范围，如支晓强和童盼（2007）引入薪酬绩效敏感度变量，研究股东与经理代理问题对投资—现金流敏感性的影响。

现金流与投资机会交叉判别模型。沃格特（Vogt，1994）为了检验代理问题和融资约束与投资现金流敏感性的关系，构造了新模型，模型中增加了内部现金流和投资机会的交互效应，通过该交乘项系数的正负对投资过度和投资不足进行判断。即：

$$(I/K)_{it} = \beta_0 + \beta_1(CF/K)_{it} + \beta_2(Cash/K)_{it} + \beta_3(Sales/K)_{it}$$
$$+ \beta_4 Q_{it-1} + \beta_5(CF/K)_{it}Q_{it-1} + \varepsilon_{it} \qquad (5-2)$$

按此模型，如果交乘项的系数为正，说明投资机会增强了投资支出对现金流的敏感性，融资约束是引起是投资—现金流敏感性的主因，导致企业投资的不足；若系数为负，则说明投资机会减少了投资支出对现金流的敏感性，投资—现金流敏感性源自代理问题，企业呈现投资过度。Vogt 模型部分弥补了 FHP 模型的缺陷，能够更全面解释引起投资—现金流敏感的原因，但仍存在着不能衡量投资不足和投资过度程度的问题。部分学者根据我国实际情况对模型进行了适度改进，例如，何金耿、丁加华（2001），梅丹（2005），罗琦、李辉（2015），但改进后的模型仍然不能对企业过度投资和投资不足的程度进行量化。

残差度量模型。投资—现金流敏感性模型和现金流与投资机会交叉判别模型存在共同的局限，即无法对某一公司具体年度的过度投资或投资不足进行具体的度量。为了解决这一问题，理查森（Richardson，2006）提出了预期投资的残差度量模型。这一模型依据投资机会、企业现金存量等多个影响企业投资规模的因素，通过多元回归模型的线性拟合，估计出企业的预期投资水平，同时利用实际投资水平与最优投资水平的差异，用回归模型的残差来判断和度量企业的投资过度和投资不足。即残差项是实际值（净投资）与模型拟合值（预期净投资）的差，表示非预期的净投资。正残差表示实际净投资量大于预期净投资水平，企业表现出过度投资。负残差表示实际净投资量小于预期净投资水平，表现为投资不足。残差绝对值表示偏离最优投资水平的非效率投资程度。残差绝对值越大，企业非效率投资程度越高。但是该模型也存在一定的缺陷，即模型回归得到的并非企业最优投资水平，而是预期投资水平。导致这一缺陷的主要原因是最优投资规模由企业投资机会所决定，其前提为不存在代理成本和信息完全对称的情况下，在现实中不满足这种条件，很难计量出来，最优投资规模仅是理论上存在。我国学者在对该模型进行了适当改进的基础上应用了这种度量方法。例如，王彦超（2009），张会丽、陆正飞（2012），孙晓华、李明珊（2016），王克敏（2017）等，都用该模型对企业非效率投资进行了测量。

本书同样借鉴理查森（Richardson，2006）根据自由现金流理论构建的估算企业正常投资水平模型；采用模型的回归残差 ε 来替代企业非效率投资水平，若 ε 的值大于 0，则为过度投资；若小于 0，则为投资不足。本书同样借鉴该模型来衡量非效率投资水平，即：

$$Int_t = \beta_0 + \beta_1 Size_{t-1} + \beta_2 Growth_{t-1} + \beta_3 Lev_{t-1} + \beta_4 Age_{t-1} + \beta_5 Sty_{t-1}$$

$$+ \beta_6 Cash_{t-1} + \beta_7 Inv_{t-1} + \sum Year + \sum Industry + \varepsilon_{it} \qquad (5-3)$$

在模型中，Inv_t 是指公司 t 年的资本投资量，$Size_{t-1}$ 是公司 $t-1$ 年的公司规模，Lev_{t-1} 是公司 $t-1$ 年的财务杠杆，$Growth_{t-1}$ 衡量的是 $t-1$ 年的公司成长性，$Cash_{t-1}$ 衡量的是公司 $t-1$ 年的现金持有量，Age_{t-1} 是公司 $t-1$ 年的上市年限；Sty_{t-1} 是公司 $t-1$ 年末的股票收益率；Inv_{t-1} 是公司 $t-1$ 年的资本投资量，同时在模型中控制了年度（Year）和行业（Industry），具体的变量定义如表 5-2 所示。采用 2012~2016 年我国 A 股上市公司数据对以上模型进行回归分析，得出的残差值 ε 即为非效率投资水平，为了便于理解，在实证分析中，对 ε 进行了绝对值处理，该值越大，表明企业的非效率投资情况越严重。

表 5-2　　　　　　　　　　　　Richardson 模型变量定义

变量名称	变量代码	变量定义
当年资本投资量	Inv_t	公司 t 年购建固定资产、无形资产和其他长期资产支付的现金与总资产的比例
公司规模	$Size_{t-1}$	公司 t-1 年末的资产总额，一般取其自然对数
公司成长性	$Growth_{t-1}$	公司 t-1 年主要营业收入增长率指标
财务杠杆	Lev_{t-1}	公司 t-1 年资产负债率指标
现金持有量	$Cash_{t-1}$	公司 t-1 年现金及现金等价物与资产总额的比例
上市年限	Age_{t-1}	公司 t-1 年的上市年限
股票收益率	Sty_{t-1}	公司 t-1 年末的股票收益率
上期投资量	Inv_{t-1}	公司 t-1 年的资本投资量
年度	Year	虚拟变量
行业	Industry	虚拟变量

5.3.2　自变量及其度量

研究中的自变量为高管薪酬激励。高管薪酬激励主要包括高管货币薪酬、股权激励及在职消费等隐性激励方式。而在职消费等往往因其隐蔽性而难以衡量。本书考察的是高管薪酬激励的两种最重要的方式，即高管货币薪酬与股权激励以及薪酬结构。一是高管货币薪酬（pay）。本书参照以往文献，选择上市公司年报中披露的薪酬最高的前三位高管人员薪酬总额并取其自然对数作为测量指标。二是高管股权激励。国外关于股权激励的测度，国外学者多采用股价每上涨 1%，所引起的高管持有股权和股票期权的价值增加（Guay，1999；Jensen and Murphy，1990）。然而，国内有不少学者认为这种衡量方式适用于信息披露制度较为完善、股价变动较为理性的成熟资本市场，而我国目前的资本市场尚不具备这些条件，在我国并没有很强的适用性。因此，借鉴国内相关文献，本书选取上市公司年报中披露的年末高管持股数与公司总股数的比值来表示股权激励。三是高管薪酬结构。目前，我国上市公司披露的高管薪酬主要包括高管货币薪酬及股权收益，货币薪酬是指高管所领取的现金报酬总额，股权收益是指根据公司年末收盘价与高管的持股数相乘所计算出来的持股市值总额。薪酬总额是高管货币薪酬与股权收益之和，薪酬结构是指高管货币薪酬或股权收益占高管薪酬总额的比重。借鉴相关文献梅赫兰（Mehran，1995）以及雷鹏、梁彤缨（2016），本书采用股权收益占高管薪酬总额的比例来衡量高管薪酬结构。

5.3.3 调节变量及其度量

本书中的调节变量包括高管权力与职业生涯关注。

（1）高管权力的度量。

在对高管权力测量方面，国外学者中较为典型的是芬克尔斯坦（Finkelstein，1992）提出的从四个维度度量高管权力，即结构性权力、所有权权力、专家权力和威望权力。其中，结构权力用高管是否兼任董事长以及高管任命的董事在董事会中所占的比例来衡量；所有权权力用高管持股比例和是否为公司创始人来衡量；专家权力用高管任期及其担任高管之前在公司担任的职位数来衡量；声望权力用高管学历程度及其在其他公司董事会的任职数量来衡量。该种测量方法被众多学者采用。亚当斯等（Adams et al.，2005）从组织权力视角来测量高管权力，主要从公司创始人是否兼公司 CEO、CEO 是否为董事会中唯一知情人以及 CEO 职位集中度这三个角度对高管权力进行衡量。若公司创始人兼 CEO，则 CEO 具有更大的权力来决定公司经营决策；若董事会中 CEO 是其唯一知情人，CEO 的权力也就越大；若 CEO 的职位高度集中，即董事长和 CEO 两职兼任，就会增大 CEO 在董事会的话语权，使CEO 的权力大大增强。帕坦（Pathan，2009）以连续五年业绩都位于同行业最后 25% 的区间，但其高管在第 6 年仍然在位的企业为研究样本，将符合上述条件的公司管理层界定为权力大，不符合上述条件的公司管理层界定为权力小。贝布丘克和克雷默斯（Bebchuk and Cremers，2010）采用总经理薪酬占前五位高管薪酬总额的比例作为管理层权力的衡量指标。

国内学者沿用国外学者的思想，从不同维度和角度出发对高管权力进行测量。卢锐（2008）从高管权力的空间和时间的角度来考察，在空间上主要表现为高管与大股东的关系以及高管在企业权力结构中的支配地位，在时间上主要表现为高管人员长期保持职位的时间。同时采用总经理是否兼任董事长、股权分散程度、高管是否长期在位三个指标作为管理层权力的单维变量，将指标合成综合管理层权力变量。吕长江和赵宇恒（2008）采用领导权结构、执行董事比例、任职年限三方面衡量高管权力。提出高管权力来自企业内部而不是外部，终极权力才是高管最显著的权力，当高管拥有了该种权力就可掌控众多资源，按自己的意图来决策。权小锋等（2010）用管理层结构权力、总经理任期、董事会规模、董事会中内部董事比例、金字塔控制链条深度五个指标，采用主成分合成分析法，制定管理层权力综合指标。代彬和彭程（2012）采用董事长与总经理是否两职合一、高管是否持股、董事会规模、独立董事与上市公司工作地点一致性、是否具有高职称和高学历、高管任期、是否在其他单位兼职、高管是否具有政治联系等八个指标合成综合管理层权力指标。赵息和徐宁宁（2013）以总经理是否兼任董事、董事会规模、总经理任期、总经理兼职、总经理持股、机构投资者持股水平六个指标来衡量管理层权力；杨兴全等（2014）采用两职兼任、董事会规模、总经理是否具有高职称、总经理任期、总经理是否在外兼职、总经理是否具有高学历、总经理是否持股、股权分散八个指标合成综合管理层权力指标。

从上述研究文献可以看出，国内外学者对高管权力进行测量的指标各有侧重，但总体来说主要存在两种测量方法：第一种是采用高管持股比例、股权结构、任职时间、两职兼任、独立董事比例、CEO 持股比例等指标直接进行测量；第二种是采用积分变量法或主成分分析法合成权力变量的综合指标来测量高管权力。本书认为，高管权力难以直接测度，根据芬克尔斯坦（Finkelstein，1992）、格林斯坦等（Grinstein et al，2004）和权小锋等（2010）的研究，并结合我国的具体情况，从三个维度八个方面对高管权力进行衡量。第一个维度是所有权权力，包括股权集中度与股权制衡。股权集中度用第一大股东持股比例来衡量，第一大股东持股比例越高，大股东越有动力监督管理层，则高管权力越小，因此，当第一大股东持股比例超过样本平均值时，取值为 0，否则为 1；股权制衡，如果公司股权制衡度越高，则股东对管理层的监督就越弱，高管权力就越大（Bertrand et al，2001），因此，当第一大股东持股比例除以第 2～10 大股东持股比例之和小于 1 时，取值为 1，否则为 0。第二个维度是结构权力，包括两职合一、董事会规模与独立董事比例。当总经理兼任董事长时，管理层对董事会的影响力越大，高管权力就越大（吕长江等，2008），因此，两职合一时，取值为 1，否则为 0；董事会规模越大，则董事会内部权力越分散，相应地，董事会对管理层的监督效应就越弱，高管权力越大，因此，董事会规模超过平均样本时，取值为 1，否则为 0；当独立董事比例越高时，高管所受到的外部监督就越大，高管权力越小，因此，独立董事比例低于样本平均值时取值为 1，否则为 0。第三个维度是专家权力，主要是指高管任期、高管兼任与高管职称。高管任职年限越长，其经验越丰富，对公司的影响力也越大，高管权力越大，因此，总经理任期超过样本均值时取值为 1，否则为 0。高管若在其他公司兼任，则其对各类信息和资源的获取更为有效，对经营决策的影响力更大，高管权力也越大，当高管在其他公司有兼任时，取值为 1，否则为 0。高管若具有高级职称，则表明其在该领域拥有更专业的知识，高管权力越大，因此，当高管高级职称数超过样本平均值时，取值为 1，否则为 0。

具体的衡量指标汇总如表 5-3 所示。

表 5 – 3   高管权力的度量

权力维度	变量	变量定义
所有权权力	股权集中度	当第一大股东持股比例超过样本平均值时，取值为0，否则为1
	股权制衡	当第一大股东持股比例除以第2～10大股东持股比例之和小于1时，取值为1，否则为0
结构权力	两职合一	董事长总经理两职合一时，取值为1，否则为0
	董事会规模	董事会规模超过样本平均值时，取值为1，否则为0
	独立董事比例	独立董事比例低于样本平均值时，取值为1，否则为0
专家权力	高管任期	高管任期超过样本平均值时，取值为1；否则为0
	高管兼任	当高管在其他公司有兼任时，取值为1，否则为0
	高管职称	高管高级职称数超过样本平均值时，取值为1，否则为0

（2）高管职业生涯关注的度量。

根据职业生涯关注理论，董事会和经理人市场根据公司的当前绩效来评估高管的能力，进而影响高管未来的收入和职业发展。从目前的研究来看，对 CEO 职业生涯关注的测量，主要选取了两个变量为代理变量。第一个变量是经理人年龄，经理人的职业生涯关注程度随年龄增大而减小，当经理人比较年轻时，其职业生涯还很长，外界对于经理人的能力并不了解，这时的业绩信号作用最强，外界以经理人能力强弱的初始印象，直接影响未来很长时期内的收入，就是说当前决策对未来收入影响最大。当经理人年老时，已经在经理人市场中形成了长期的声誉，而业绩只是调整外界对其能力的判断，此时经理人在位剩余时间较短，可影响的未来期限有限，即当期决策对未来收入影响较小，这表明经理人职业生涯关注随着时间而减弱。于是吉尔斯（Gibbons，1992）等采用经理人年龄来代理职业生涯关注。第二个变量是强制性变更概率，经理人被强制性变更概率越高，职业生涯关注程度越大。经理人变更意味着离开相关职位，这种变更又可分为两类：正常变更、强制性变更。正常变更指与 CEO 经营管理行为或决策无关的因素导致其职位发生变动，属于常规性或者主动性的变动。例如，经理人退休或换届；强制性变更与之相反，通常理解为经理人被强制性解雇。如果经理人发生强制性变更，则对其产生较大的影响，此时外界会认为经理人经营管理能力差，经理人在市场上难以获得再次雇佣机会，即使再被聘任，也没有要求加薪的筹码，严重影响其未来收入，因此经理人强制性变更的概率越大，其职业生涯关注越高。张（2009）首先采用该变量来代理经理人职业生涯关注。

借鉴相关文献（Li et al.，2017；Gibbons and Murphy，2004；谢珺、张越月，2015），本书采用高管年龄作为职业生涯关注的代理变量。对于年轻的高管而言，由于其初入职场，未来的职业生涯还比较长，因此，目前业绩的好坏对高管未来收入和就业机会的影响很大，此时，高管的职业生涯关注度较高。随着年龄的增长，高管在职场中的地位已稳定，外界对其也形成了一定的评价，高管职业生涯关注度逐渐降低。对于临近退休的高管而言，其未来的职业生涯已经非常有限，公司当前业绩对未来的影响较小，高管职业生涯关注度较低。不少学者也都先后证实处于不同年龄阶段的高管，其职业生涯关注度不同，越年轻的高管职业生涯关注度越高，随着年龄的增长，其职业生涯关注度逐渐下降（Li et al.，2017；Nam，2008）。高管年龄与职业生关注度的关系如图 5 – 1 所示。采用高管年龄作为职业生涯关注的代理变量，一般有两种衡量方式：一种是直接采用高管年龄来代理职业生涯关注；另一种是根据高管年龄，把职业生涯关注划分为三个阶段，并定义为虚拟变量。当高管年龄小于 45 岁时，定义为职业生涯早期，此时高管职业生涯关注度较高；当高管年龄处于 45 ~ 50 岁时，定义为职业生涯中期，此时高管职业生涯关注度处于中等水平；当高管年龄大于 50 岁时，定义为职业生涯晚期，此时高管职业生涯关注度较低。本书采用第二种方法来加以衡量。

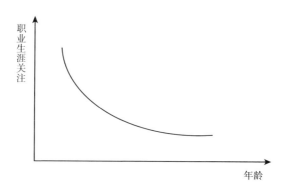

图 5 – 1　年龄与职业生涯关注的关系

资料来源：Li et al.，2017；Nam，2008。

5.3.4 控制变量及其度量

另外，本书在研究中控制了企业规模（Size）、企业成长性（Growth）、企业业绩（Roa）、现金流量（Cash）、管理费用率（Aer）、大股东占款（Occupy）和产权性质（State）对企业非效率投资的影响。尤其是产权性质，有不少文献证实不同产权结构下的高管薪酬激励机制和激励效应以及对企业非效率投资均存在显著的差异（沈小燕等，2015；李延喜等，2015；王治等，2015），因本书研究篇幅和视角的限制，在此不再详细展开，但在研究中控制了产权性质以保证研究的稳健性。同时设置了年度（Year）和行业（Industry）虚拟变量。具体的变量定义如表 5 - 4 所示。

表 5 - 4　　　　　　　　　　　　　　变量定义

变量名称	变量代码	变量定义
非效率投资	Finv	模型 5 中残差的绝对值
高管薪酬水平	Pay	高管薪酬前三名总额的对数
高管股权激励	Ei	高管年末持股数/公司总股数
高管薪酬结构	Stru	高管股权收益/薪酬总额
高管权力	Power	
结构权力	Power1	两职合一、董事会规模、独立董事比例赋值后的均值
所有权权力	Power2	股权制衡与第一大股东持股比例赋值后的均值
专家权力	Power3	高管任期、高管兼任、高管职称赋值后的均值
职业生涯关注	Career	高管年龄
职业生涯早期和晚期	Career1	高管年龄小于 45 岁或大于 50 岁的取值为 1，否则为 0
职业生涯中期	Career2	高管年龄在 45～50 岁的取值为 1，否则为 0
公司成长性	Growth	主营业务收入增长率
公司业绩	Roa	资产收益率
现金流量	Cash	公司年末现金持有量/总资产
公司规模	Size	公司资产总额的对数
管理费用率	Aer	管理费用/主营业务收入
大股东占款	Occupy	其他应收账款/总资产
产权性质	State	国有企业设为 1，非国有企业为 0
年度	Year	虚拟变量
行业	Industry	虚拟变量

5.4   模型构建

首先，借鉴理查森（2006）关于企业正常投资水平的估算模型，进行回归分析，得出模型的残差绝对值，作为企业非效率投资的测量指标。再通过构建以下 4 个模型来验证假设 1～假设 4。模型（5-4）考察的是高管货币薪酬（Pay_{it}）与企业非效率投资（$Finv_{it}$）之间的线性关系，以验证假设 1；模型（5-5）考察的是高管股权激励（Ei_{it}）与企业非效率投资（$Finv_{it}$）之间的 U 型关系，以验证假设 2；模型（5-6）考察的是高管薪酬结构（$Stru_{it}$）与企业非效率投资（$Finv_{it}$）之间的线性关系，以验证假设 3；为验证假设 4，高管货币薪酬与股权激励的协同效应，借鉴徐宁、徐向艺（2013）的做法，在模型（5-4）中加入货币薪酬与股权激励的两两交互项，得到模型（5-7），若交互项系数显著为正，说明一个变量的边际效应随着另一个变量的增加而递增，说明两者之间存在协同效应；若交互项系数显著为负，则说明一个变量的边际效应随着另一个变量的增加而递减，说明两个变量之间存在互替的关系。

$$\text{Finv}_{it} = \alpha_0 + \beta_1 Pay_{it} + \sum Control + \sum Year + \sum Industry + \varepsilon_{it}$$
$$(5-4)$$

$$\text{Finv}_{it} = \alpha_0 + \beta_1 Ei_{it} + \beta_2 Ei_{it}^2 + \sum Control + \sum Year + \sum Industry + \varepsilon_{it}$$
$$(5-5)$$

$$\text{Finv}_{it} = \alpha_0 + \beta_1 Stru_{it} + \sum Control + \sum Year + \sum Industry + \varepsilon_{it}$$
$$(5-6)$$

$$\text{Finv}_{it} = \alpha_0 + \beta_1 Pay_{it} + \beta_2 Ei_{it} + \beta_3 Pay_{it} \times Ei_{it} + \sum Control$$
$$+ \sum Year + \sum Industry + \varepsilon_{it}$$
$$(5-7)$$

为检验高管权力对高管薪酬激励与企业非效率投资之间的调节效应，采用层级回归的方法，从两个步骤来加以验证。第一个步骤，在主效应的基础上加入高管权力变量进行回归分析；第二个步骤，引入高管权力与高管薪酬激励的交互项进行回归分析。具体的模型构建如下：在模型（5-4）的基础上加入高管权力（$Power_{it}$）得到模型（5-8），在模型（5-8）的基础上加入高管权力（$Power_{it}$）与高管货币薪酬（Pay_{it}）的交互项得到模型（5-9），以验证高管权力对高管货币薪酬与企业非效率投资之间关系的调节效应。在模型（5-5）的基础上加入高管权力（$Power_{it}$）得到模型（5-10），在模型（5-10）的基础上加入高管权力（$Power_{it}$）与股权激励的交互项（Ei_{it}）、高管权力（$Power_{it}$）与股权激励平方项（Ei_{it}^2）的交互项得到模型（5-11），以验证高管权力对高管股权激励与企业非效率投资之间关系的调节效应。在模型（5-6）的基础上加入高管权力（$Power_{it}$）得到模型（5-12），在模型（5-12）的基础上加入高管权力（$Power_{it}$）与高管薪酬结构（$Stru_{it}$）的交互项得到模型（5-13），以验证高管权力对高管薪酬结构与企业非效率投资之间的调节作用。

$$\text{Finv}_{it} = \alpha_0 + \beta_1 Pay_{it} + \beta_2 Power_{it} + \sum Control + \sum Year$$
$$+ \sum Industry + \varepsilon_{it} \tag{5-8}$$

$$\text{Finv}_{it} = \alpha_0 + \beta_1 Pay_{it} + \beta_2 Power_{it} + \beta_3 Power_{it} \times Pay_{it} + \sum Control$$
$$+ \sum Year + \sum Industry + \varepsilon_{it} \tag{5-9}$$

$$\text{Finv}_{it} = \alpha_0 + \beta_1 Ei_{it} + \beta_2 Ei_{it}^2 + \beta_3 Power_{it} + \sum Control + \sum Year$$
$$+ \sum Industry + \varepsilon_{it} \tag{5-10}$$

$$\text{Finv}_{it} = \alpha_0 + \beta_1 Ei_{it} + \beta_2 Ei_{it}^2 + \beta_3 Power_{it} + \beta_4 Power_{it} \times Ei_{it} + \beta_5 Power_{it}$$
$$\times Ei_{it}^2 + \sum Control + \sum Year + \sum Industry + \varepsilon_{it} \tag{5-11}$$

$$\text{Finv}_{it} = \alpha_0 + \beta_1 Stru_{it} + \beta_2 Power_{it} + \sum Control + \sum Year$$
$$+ \sum Industry + \varepsilon_{it} \tag{5-12}$$

$$\text{Finv}_{it} = \alpha_0 + \beta_1 Stru_{it} + \beta_2 Power_{it} + \beta_3 Power_{it} \times Stru_{it} + \sum Control$$
$$+ \sum Year + \sum Industry + \varepsilon_{it} \tag{5-13}$$

其中，$Power_{it}$包括高管结构权力指标 Power1、高管所有权权力指标 Power2、高管专家权力指标 Power3。

为检验职业生涯关注对高管薪酬激励与企业非效率投资之间的关系的调节

作用，同样分别从两个步骤来加以验证，首先，在主效应的基础上引入职业生涯关注变量；其次，再引入职业生涯关注与高管薪酬激励的交互项。具体模型构建如下：在模型（5-4）的基础上引入职业生涯关注变量（$Career_{it}$）得到模型（5-14）；在模型（5-14）的基础上引入职业生涯关注（$Career_{it}$）与高管货币薪酬（Pay_{it}）的交互项得到模型（5-15），以验证职业生涯关注对高管货币薪酬与企业非效率投资之间的调节效应。在模型（5-5）的基础上加入职业生涯关注（$Career_{it}$）得到模型（5-16）；在模型（5-16）的基础上引入职业生涯关注（$Career_{it}$）与股权激励的平方项（Ei^2）的交互项得模型（5-17），以验证职业生涯关注对高管股权激励与企业非效率投资的调节作用。在模型（5-6）的基础上引入职业生涯关注（$Career_{it}$）得到模型（5-18），在模型（5-18）的基础上引入职业生涯关注（$Career_{it}$）与高管薪酬结构（$Stru_{it}$）的交互项得到模型（5-19），以验证职业生涯关注对高管薪酬结构与企业非效率投资的调节效应。其中，$Career_{it}$包括高管职业生涯生涯早期和晚期指标 Career1、高管职业生涯中期指标 Career2。

$$\text{Finv}_{it} = \alpha_0 + \beta_1 Pay_{it} + \beta_2 Career_{it} + \sum Control + \sum Year + \sum Industry + \varepsilon_{it} \quad (5-14)$$

$$\text{Finv}_{it} = \alpha_0 + \beta_1 Pay_{it} + \beta_2 Career_{it} + \beta_3 Career_{it} \times Pay_{it} + \sum Control + \sum Year + \sum Industry + \varepsilon_{it} \quad (5-15)$$

$$\text{Finv}_{it} = \alpha_0 + \beta_1 Ei_{it} + \beta_2 Ei_{it}^2 + \beta_3 Career_{it} + \sum Control + \sum Year + \sum Industry + \varepsilon_{it} \quad (5-16)$$

$$\text{Finv}_{it} = \alpha_0 + \beta_1 Ei_{it} + \beta_2 Ei_{it}^2 + \beta_3 Career_{it} + \beta_4 Career_{it} \times Ei_{it} + \beta_5 Career_{it} \times Ei_{it}^2 + \sum Control + \sum Year + \sum Industry + \varepsilon_{it} \quad (5-17)$$

$$\text{Finv}_{it} = \alpha_0 + \beta_1 Stru_{it} + \beta_2 Career_{it} + \sum Control + \sum Year + \sum Industry + \varepsilon_{it} \quad (5-18)$$

$$\text{Finv}_{it} = \alpha_0 + \beta_1 Stru_{it} + \beta_2 Career_{it} + \beta_3 Career_{it} \times Stru_{it} + \sum Control + \sum Year + \sum Industry + \varepsilon_{it} \quad (5-19)$$

| 6 |

实证研究

6.1　变量描述性统计

　　根据模型（5－3）拟合出模型残差作为企业非效率投资的代理变量，描述性统计结果如表 6－1 所示，企业非效率投资的最大值为 0.150，最小值为 0.0007，均值为 0.048，可以看出，我国上市公司普遍存在着非效率投资现象，且企业之间的差距较大，说明研究企业非效率投资的治理机制和影响因素具有较强的理论和实践意义。高管货币薪酬采用的是薪酬自然对数，高管货币薪酬的最大值为 17.406，最小值为 11.791，均值为 14.304，因采用的是高管货币薪酬的自然对数，其实际差距是比较大的；在样本数据中，薪酬最高的为 2016 年 A 公司股前三位高管薪酬总额 3626.6 万元，最低的为 2012 年 B 公司前三位高管薪酬总额 13.2 元，这些数据均反映了我国上市公司高管之间的薪酬差距较大且存在无序的现象。我国上市公司高管持股比例的平均值为 0.091，总体来说，高管持股比例较低，股权激励的长期激励作用尚没有得到充分发挥；高管薪酬结构的平均值为 0.357，说明我国上市公司高管的权益收益占总薪酬的比例比较低。高管结构权力由两职合一、董事会规模及独立董事比例三个指标合成，公司的组织安排不同，将导致高管结构权力大小不同，从表 6－1 可以看出高管结构权力的均值为 0.506，最大值为 1，最小值为 0，标准差为 0.321，说明我国上市公司高管结构权力之间存在着显著的差异。高管所有权权力由股权制衡度与第一大股东持股比例两个指标合成，公司所有权安排不同，高管所有权权力也存在较大差异，由表 6－1 可以看出我国高管所有权权力的均值为 0.460，最大值为 1，最小值为 0，标准差为 0.437。高管任期、高管兼任及高管职称构成了高管的专家权力，高管专家权力的均值为 0.422，最大值为 1，最小值为 0，标准差为 0.284，说明高管专家权力在不同上市公司之间差异显著。用高管年

龄来替代职业生涯关注指标，由表 6-1 可知，我国上市公司高管的最小年龄
为 33.8 岁，最大年龄为 60.5 岁，平均年龄为 46.8 岁。相关文献显示美国上
市公司高管年龄的均值为 55 岁左右（Yim，2013；Li et al，2014），由此可
见，我国上市公司高管相对偏年轻化。另外，可以看出处于职业生涯中期即
年龄处于 45 ~ 50 岁的高管所占比重最大，达到 51.4%，处于职业生涯早期
即年龄小于 45 岁的高管与处于职业生涯晚期即年龄大于 50 岁的高管所占比
例之和为 48.6%，其分别所占比重为 30.2% 与 18.4%，相关文献表明，处于
职业生涯早期和晚期的高管存在一定程度的投资短视行为和投机行为，而处
于职业生涯中期的高管往往致力于投资效率的提高。因此，我国上市公司高
管的年龄分布相对合理。从企业成长机会来看，其均值为 0.217，标准差为
0.503，说明我国上市公司整体面临着较好的成长机会，但企业之间的差距较
大；从大股东占款情况来看，最大值为 0.554，最小值为 0，说明个别企业存
在严重的大股东掏空现象。另外，所选的样本企业中，29.8% 为国有企业。

表 6-1 描述性统计结果

变量	样本量	均值	标准差	最小值	最大值
Finv	6735	0.048	0.032	0.0007	0.150
Pay	6735	14.304	0.656	11.791	17.406
Ei	6735	0.091	0.152	0.000	0.630
Stru	6735	0.357	0.387	0.000	0.999
*Power*1	6735	0.506	0.321	0.000	1.000
*Power*2	6735	0.460	0.437	0.000	1.000
*Power*3	6735	0.422	0.284	0.000	1.000
Career	6735	46.839	3.452	33.800	60.5
*Career*1	6735	0.486	0.459	0.000	1.000
*Career*2	6735	0.514	0.500	0.000	1.000
Growth	6735	0.217	0.503	-0.556	3.943
Roa	6735	0.048	0.040	0.000	0.514
Occupy	6735	0.102	0.115	0.000	0.554
Aer	6735	0.103	0.079	0.009	0.617
Size	6735	22.143	1.255	15.729	29.192
Cash	6735	0.168	0.128	0.014	0.628
State	6735	0.298	0.457	0.000	1.000

6.2 相关性分析

相关性分析一般只是考察变量间可能的相互关系及相互影响，并不能反映变量间因果关系，但通过相关性检验可以初步判断前文中研究假设及模型构建的合理性。变量相关性分析结果如表6-2所示，高管薪酬的各个维度、高管权力及职业生涯关注变量均与企业非效率投资存在显著的相关关系，初步反映了本书理论模型及假设的合理性。其中，高管货币薪酬与企业非效率投资在1%显著水平上负相关，H1得到初步验证；高管持股比例与企业非效率投资在1%显著水平上负相关，H2高管股权激励与企业非效率投资之间呈"U"型关系暂时没有得到验证；高管薪酬结构与企业非效率投资在1%显著水平上负相关，H3得到初步验证。高管结构权力与高管所有权权力均在1%显著水平上提高了企业非效率投资水平，说明它们对高管薪酬激励与企业非效率投资水平之间关系的调节作用具有存在的依据，高管专家权力在10%显著水平上降低了企业非效率投资，说明专家权力强化高管薪酬激励与企业非效率投资之间的关系具有存在的依据。高管职业生涯关注处于高和低时，均显著提高了企业非效率水平，说明高管薪酬激励对非效率投资起到抑制作用具有存在的依据，而当高管职业生涯关注度处于中等水平时，显著降低了企业非效率投资水平，说明强化高管薪酬激励与非效率投资之间的关系具有存在的依据。当然，所有假设均需在下一步的多元回归分析中得以进一步的验证。

表6-2 相关性分析结果

变量	Finv	Pay	Ei	Stru	Power1
Finv	1				
Pay	-0.072***	1			
Ei	-0.131***	-0.142***	1		
Stru	-0.065***	-0.150***	0.365***	1	
*Power*1	0.068***	0.030**	0.259***	0.089***	1
*Power*2	0.064***	0.074***	0.028**	0.053***	0.170***
*Power*3	-0.021*	0.005	0.032**	0.163***	0.045***
*Career*1	0.028***	-0.046***	0.024**	0.055***	0.007***
*Career*2	-0.028**	0.046***	-0.024**	-0.055***	-0.007

续表

变量	Power2	Power3	Career1	Career2
Power2	1			
Power3	− 0. 048 ***	1		
Career1	− 0. 032 ***	− 0. 027 ***	1	
Career2	0. 032 ***	0. 027	− 1. 000 ***	1

注：*** 、** 、* 分别表示在1%、5%、10%统计水平上显著。

6.3 多元回归分析

本书采用面板数据进行多元回归分析，一方面，面板数据能够增加自由度，提供更多的信息，减少多重共线性，具有进行动态分析与微观个体分析等优势；另一方面，相对于横截面数据或混合数据分析，面板数据分析能够克服前者较易出现的误差项序列相关性与异方差性等问题。因而，面板数据分析能够更好地验证本书的研究假设。在进行多元回归分析时，需要确定采用固定效应模型还是随机效应模型。本书通过 Hausman 检验确定是采取固定效应的变截距模型还是采取随机效应的变截距模型。若在给定显著水平条件下统计量 W 的值大于临界值，则选择固定效应模型，否则采用随机效应模型。在做多元回归分析时，对相关连续变量作了标准化处理，以消除量纲之间的差异。

6.3.1 高管薪酬激励对非效率投资影响的实证分析

表6-3报告了高管薪酬激励对企业非效率投资影响的多元回归分析结果，从回归模型（1）的分析结果来看，高管货币薪酬在1%显著水平上降低了企业非效率投资水平，它们之间的回归系数为 − 0. 205，即高管货币薪酬水平与企业非效率投资之间呈显著的负相关关系，H1 得到验证。说明在我国目前的制度环境下，高管货币薪酬能够激励高管为提升公司投资效率及公司价值而努力，减少机会主义行为的发生，抑制非效率投资行为。从回归模型（2）的分析结果来看，高管股权激励的一次项与非效率投资在1%显著水平上负相关，股权激励的二次项与非效率投资在10%显著水平上正相关，说明

高管股权激励水平与企业非效率投资之间呈显著的"U"型关系，H2 得到验证，即高管持股能够实现高管与公司长期利益挂钩，进而表现出利益协同的一面，促使高管更加关注企业投资效率进而提升企业价值，但随着高管持股比例的上升，逐渐显现出其沟壑效应，高管不愿再承担过多风险，而乐于享受既定收益；控制权的增加也使其有机会和条件利用公司资源为自身谋取福利，从而加剧了企业非效率投资。从回归模型（3）的分析结果可以看出，股权收益占总薪酬的比例与企业非效率投资水平在 1% 显著水平上负相关，股权收益在总薪酬中所占的比重越大，非效率投资水平越低，H3 得到验证；说明权益收益能够更好地促使高管对长期投资的关注，促进效率投资。从回归模型（4）可以看出，在高管货币薪酬与企业非效率投资水平呈显著负相关关系的基础上，高管股权激励与货币薪酬的交互项与非效率投资在 5% 显著水平上负相关，即随着高管持股比例的增加，高管货币薪酬对非效率投资的边际治理效应逐渐增强，说明它们在降低非效率投资上起到了协同、互补的作用，H4 得以验证，短期激励和长期激励的有机组合，既满足了高管的基本物质需求，又提高了其对风险的承担，促进了企业投资效率的提高。

表 6-3 高管薪酬激励影响非效率投资的回归结果

变量	（1）	（2）	（3）	（4）
Pay	-0.205 *** (-6.68)			-0.208 *** (-6.77)
Ei		-0.121 *** (4.78)		-0.187 *** (-6.45)
Ei^2		0.019 * (1.81)		
Stru			-0.094 *** (-2.65)	
Pay×Ei				-0.033 ** (-2.24)
Growth	0.113 (0.22)	-0.004 (-0.38)	0.195 (0.37)	0.128 (0.25)
Roa	0.037 * (1.91)	0.028 ** (2.52)	0.017 (0.88)	0.034 * (1.76)

续表

变量	(1)	(2)	(3)	(4)
Occupy	0.106 ***	0.072 ***	0.111 ***	0.099 ***
	(8.07)	(7.67)	(8.39)	(7.60)
Aer	−0.141 ***	−0.003	−0.151 ***	−0.130 ***
	(−5.22)	(−0.28)	(−5.58)	(−4.83)
Size	−1.089 ***	−0.091 ***	−1.194 ***	−1.044 ***
	(−26.51)	(6.12)	(−31.40)	(−25.28)
Cash	0.077 ***	0.067 ***	0.080 ***	0.066 ***
	(4.17)	(5.79)	(4.33)	(3.60)
State	0.063	0.041 ***	0.056	0.070
	(0.89)	(2.82)	(0.79)	(0.99)
_cons	0.194	0.086 ***	0.299 ***	0.053
	(0.21)	(7.39)	(11.32)	(0.06)
N	6735	6735	6735	6735
Adj R^2	0.247	0.238	0.242	0.256

注：①小括号里为 t 值；② *** 、 ** 、 * 分别表示在 1% 、5% 、10% 统计水平上显著。

6.3.2 高管权力对高管薪酬激励与非效率投资的调节效应

考虑高管权力构成的复杂性，在相关文献的基础上，把高管权力分为高管所有权权力、高管结构权力、高管专家权力，分别来考察其对高管薪酬激励与非效率投资之间关系的调节作用。从两个步骤检验调节效应，首先在主效应里加入高管权力变量，其次在步骤 1 的基础上加入高管权力与高管薪酬激励的交互项。

（1）高管结构权力对高管薪酬激励与非效率投资的调节效应。

表 6-4 报告了高管结构权力调节作用的回归分析结果，从模型（1）（3）（5）的回归结果可以看出，高管结构权力分别在 1% 、10% 和 1% 显著水平上加剧了企业非效率投资，即高管结构权力越大，企业非效率投资水平越高。说明高管结构权力越大，企业投资越多地体现了管理者个人意志，成为其权力寻租的工具，从而加剧了企业非效率投资行为，恶化了股东和经理人之间的委托代理问题。在模型（1）的基础上加入高管结构权力与货币薪

酬的交互项得到模型（2），回归结果显示，在高管货币薪酬与企业非效率投资显著负相关的基础上，交互项与非效率投资水平在10%显著水平上正相关，回归系数为0.023，说明高管结构权力抑制了高管货币薪酬对企业非效率投资行为的治理作用，与前面的预期相符，H5a得到验证。在模型（3）的基础上加入高管结构权力与股权激励的交互项、高管结构权力与股权激励平方的交互项得到模型（4），回归结果显示，高管股权激励与企业非效率投资之间呈显著的"U"型关系，平方项的交互项与非效率投资之间没有显著的相关关系，H5b没有得到验证。在模型（5）的基础上加入高管结构权力与高管薪酬结构的交互项得到模型（6），回归结果显示，高管薪酬结构与企业非效率投资之间呈显著的负相关关系，而交互项与企业非效率投资在5%显著水平上正相关，说明高管结构权力弱化了薪酬结构对企业非效率投资的治理作用，H5c得到验证。

表6-4　　　　　　　　　　高管结构权力的调节效应

变量	（1）	（2）	（3）	（4）	（5）	（6）
Pay	-0.207^{***} (-6.78)	-0.207^{***} (-6.76)				
Ei			0.141^{***} (5.39)	0.141^{***} (5.38)		
Ei^2			-0.025^{**} (-2.39)	-0.024^{**} (-2.22)		
$Stru$					-0.095^{***} (-2.70)	-0.095^{***} (-2.70)
$Power2$	0.063^{***} (3.49)	0.064^{***} (3.54)	0.019^{*} (1.78)	0.029^{**} (2.12)	0.061^{***} (3.39)	0.062^{***} (3.42)
$Power2 \times Pay$		0.023^{*} (1.93)				
$Power2 \times Ei$				-0.012 (-0.60)		
$Power2 \times Ei^2$				-0.010 (-1.11)		
$Power2 \times Stru$						0.010^{**} (1.98)

变量	（1）	（2）	（3）	（4）	（5）	（6）
Growth	0.189 (0.36)	0.156 (0.30)	−0.001 (−0.09)	−0.001 (−0.06)	0.266 (0.51)	0.264 (0.51)
Roa	0.036 * (1.88)	0.036 * (1.88)	0.041 *** (3.62)	0.040 *** (3.60)	0.016 (0.82)	0.015 (0.79)
Occupy	0.107 *** (8.16)	0.107 *** (8.17)	0.081 *** (8.49)	0.081 *** (8.49)	0.112 *** (8.48)	0.112 *** (8.54)
Aer	−0.139 *** (−5.16)	−0.140 *** (−5.19)	0.009 (0.73)	0.009 (0.74)	−0.149 *** (−5.53)	−0.146 *** (−5.48)
Size	−1.083 *** (−26.35)	−1.083 *** (−26.37)	−0.033 ** (−2.14)	−0.034 ** (−2.22)	−1.189 *** (−31.29)	−1.188 *** (−31.66)
Cash	0.075 *** (4.06)	0.075 *** (4.05)	0.073 *** (6.23)	0.072 *** (6.13)	0.078 *** (4.23)	0.079 *** (4.26)
State	0.047 (0.67)	0.050 (0.71)	−0.043 *** (−2.82)	−0.045 *** (−2.93)	0.042 (0.58)	0.041 (0.57)
_cons	0.187 (0.20)	0.186 (0.20)	0.860 *** (32.37)	0.862 *** (32.40)	0.295 (0.31)	0.295 (0.31)
N	6735	6735	6735	6735	6735	6735
*Adj R*²	0.249	0.254	0.232	0.235	0.244	0.253

注：①小括号里为 t 值；② *** 、 ** 、 * 分别表示在 1% 、5% 、10% 统计水平上显著。

（2）高管所有权权力对高管薪酬激励与非效率投资的调节效应。

表 6 - 5 报告了高管所有权权力调节作用的回归分析结果，从回归模型
（1）和回归模型（5）的分析结果来看，高管所有权权力与企业非效率投资
分别在 10% 、1% 显著水平上正相关，即高管所有权权力越大，企业非效率
投资情况越严重。高管所有权权力越大，其所受内部董事会的监督与外部机
制的约束越少，较大的决策自由度使得企业非效率投资顺理成章地成为高管
谋取私利的工具，进而加剧了委托代理问题。在模型（1）的基础上，加入
高管所有权权力与高管货币薪酬的交互项得模型（2），回归结果显示，在高
管货币薪酬与非效率投资呈显著的负相关关系的基础上，高管所有权权力与
货币薪酬的交互项与非效率投资在 10% 显著水平上正相关，即高管所有权权
力正向调节了高管货币薪酬与非效率投资之间的负相关关系，说明高管所有权

权力抑制了货币薪酬对企业非效率投资的治理作用，H6a 得到验证。在模型（3）的基础上加入高管所有权权力与股权激励的交互项及高管所有权权力与股权激励平方项的交互项得到模型（4），回归结果显示，高管股权激励与企业非效率投资呈显著的"U"型关系，但高管所有权权力与股权激励平方项的交互项与非效率投资之间没有显著的相关关系，H6b 没有得到验证。在模型（5）的基础上加入高管所有权权力与薪酬结构的交互项得到模型（6），回归结果显示，高管薪酬结构显著降低了企业非效率投资水平，同时高管所有权权力与薪酬结构的交互项与非效率投资在 5% 显著水平上正相关，相关系数为 0.025（T 值 = 2.12），即高管所有权权力对高管薪酬结构与企业非效率投资之间的负相关关系起到了正向调节作用，较高的高管所有权权力显著削弱了高管薪酬结构对企业非效率投资的治理作用，与前面的预期相符，H6c 得到验证。

表 6 - 5　　　　　　　　　　高管所有权权力的调节效应

变量	（1）	（2）	（3）	（4）	（5）	（6）
Pay	-0.206*** (-6.72)	-0.204*** (-6.65)				
Ei			-0.144*** (-5.51)	-0.137*** (-5.17)		
Ei^2			0.025** (2.39)	0.024** (2.23)		
$Stru$					-0.050*** (-2.70)	-0.050*** (-2.74)
$Power1$	0.031* (1.67)	0.031* (1.67)	0.018 (1.61)	0.006 (0.40)	0.071*** (5.27)	0.072*** (5.14)
$Power1 \times Pay$		0.011* (1.88)				
$Power1 \times Ei$				-0.041* (-1.82)		
$Power1 \times Ei^2$				0.008 (0.81)		
$Power1 \times Stru$						0.025** (2.12)

续表

变量	(1)	(2)	(3)	(4)	(5)	(6)
Growth	0.092 (0.18)	0.091 (0.18)	-0.001 (-0.12)	-0.001 (-0.11)	-0.008 (-0.66)	-0.008 (-0.66)
Roa	0.036 * (1.88)	0.036 * (1.87)	0.041 *** (3.63)	0.041 *** (3.64)	0.066 *** (4.73)	0.066 *** (4.74)
Occupy	0.105 *** (8.05)	0.105 *** (8.05)	0.080 *** (8.47)	0.081 *** (8.51)	0.179 *** (15.03)	0.179 *** (15.06)
Aer	-0.142 *** (-5.26)	-0.142 *** (-5.26)	0.009 (0.73)	0.009 (0.75)	-0.104 *** (-7.31)	-0.104 *** (-7.31)
Size	-1.089 *** (-26.52)	-1.089 *** (-26.51)	-0.031 ** (-2.01)	-0.030 * (-1.94)	-0.189 *** (-10.80)	-0.191 *** (-10.88)
Cash	0.077 *** (4.17)	0.077 *** (4.17)	0.073 *** (6.25)	0.074 *** (6.29)	0.020 *** (5.41)	0.019 *** (4.35)
State	0.058 (0.82)	0.059 (0.83)	-0.043 *** (-2.81)	-0.045 *** (-2.90)	0.007 (0.35)	0.007 (0.34)
_cons	0.234 (0.25)	0.224 (0.24)	0.862 *** (32.50)	0.859 *** (32.26)	0.549 ** (2.06)	0.539 ** (2.02)
N	6735	6735	6735	6735	6735	6735
Adj R^2	0.248	0.254	0.241	0.242	0.246	0.255

注：①小括号里为 t 值；②*** 、** 、* 分别表示在 1%、5%、10% 统计水平上显著。

总体来说，一方面，高管结构权力和所有权权力导致企业内外部监督效应的减弱，为高管非效率投资行为的实现提供了条件；另一方面，导致高管薪酬激励机制的失效，双重共振效应抑制了高管薪酬激励对非效率投资的治理作用。

（3）高管专家权力对高管薪酬激励与非效率投资的调节效应。

表 6-6 报告了高管专家权力调节作用的回归分析结果，从模型（1）、模型（3）、模型（5）的分析结果可以看出，高管专家权力与企业非效率投资之间呈显著的负相关关系即高管专家权力显著降低了企业非效率投资水平。高管通过个人的知识经验、声望等个人能力来影响组织及他人并获得成功，促使其具有更强的使命感和责任心，因而在投资决策中往往更多地考虑公司利益，选择最佳的投资方案，在实现个人利益目标的基础上，又能够获得更

多的尊重和认可。在模型（1）的基础上加入高管专家权力与货币薪酬的交互项得到模型（2），回归结果显示，高管货币薪酬显著降低了企业非效率投资水平，且高管专家权力与货币薪酬的交互项与非效率投资水平在 5% 显著水平上负相关，回归系数为 -0.035，即高管专家权力负向调节了高管货币薪酬与企业非效率投资之间的负相关关系，说明高管专家权力强化了货币薪酬对企业非效率投资的治理作用，H7a 得到验证。在模型（2）的基础上加入高管专家权力与股权激励的交互项、高管专家权力与股权激励平方项的交互项得到模型（4），回归结果显示，在高管股权激励与企业非效率投资之间呈显著的 U 型关系的基础上，平方项的交互项与企业非效率投资在 10% 显著水平上正相关，说明高管专家权力正向调节了股权激励与非效率投资之间的"U"型关系，即高管专家权力强化了股权激励对企业非效率投资的治理作用，H7b 得到验证。在模型（5）的基础上加入高管专家权力与高管薪酬结构的交互项得到模型（6），回归结果显示：薪酬结构显著降低了企业非效率投资水平，而高管专家权力与薪酬结构的交互项与非效率投资水平在 5% 显著水平上负相关，回归系数为 -0.017（T 值 = -2.12），即高管专家权力负向调节了高管薪酬结构与非效率投资之间的负相关关系，说明高管专家权力增强了高管薪酬结构对非效率投资的抑制作用，H7c 得到验证。

表 6 - 6　　　　　　　　　　高管专家权力的调节效应

变量	（1）	（2）	（3）	（4）	（5）	（6）
Pay	-0.201 *** (-6.60)	-0.197 *** (-6.44)				
Ei			-0.131 *** (-5.14)	-0.146 *** (-5.57)		
Ei^2			0.024 ** (2.30)	0.030 *** (2.63)		
$Stru$					-0.097 *** (-2.75)	-0.097 *** (-2.76)
$Power3$	-0.117 *** (-4.72)	-0.122 *** (-4.86)	-0.029 ** (-2.42)	-0.046 *** (-3.02)	-0.124 *** (-4.97)	-0.121 *** (-4.75)
$Power3 \times Pay$		-0.035 ** (-2.17)				

续表

变量	(1)	(2)	(3)	(4)	(5)	(6)
$Power3 \times Ei$				-0.054 ** (-2.45)		
$Power3 \times Ei^2$				0.018 * (1.70)		
$Power3 \times Stru$						-0.017 ** (-2.12)
$Growth$	0.174 (0.33)	0.147 (0.28)	-0.003 (-0.33)	-0.003 (-0.37)	0.249 (0.48)	0.253 (0.49)
Roa	0.035 * (1.78)	0.034 * (1.74)	0.027 ** (2.43)	0.027 ** (2.48)	0.014 (0.73)	0.014 (0.72)
$Occupy$	0.105 *** (8.06)	0.106 *** (8.07)	0.072 *** (7.65)	0.071 *** (7.60)	0.110 *** (8.39)	0.110 *** (8.37)
Aer	-0.134 *** (-4.97)	-0.135 *** (-5.00)	-0.001 (-0.12)	-0.002 (-0.17)	-0.144 *** (-5.32)	-0.143 *** (-5.31)
$Size$	-1.063 *** (-25.71)	-1.063 *** (-25.72)	-0.091 *** (-6.08)	-0.093 *** (--6.20)	-1.165 *** (-30.36)	-1.164 *** (-30.34)
$Cash$	0.081 *** (4.40)	0.081 *** (4.42)	0.067 *** (5.78)	0.066 *** (5.74)	0.084 *** (4.57)	0.084 *** (4.56)
$State$	0.071 (1.00)	0.069 (0.98)	-0.044 *** (-3.02)	-0.043 *** (-2.89)	0.064 (0.90)	0.063 (0.88)
$\_cons$	0.129 (0.14)	0.140 (0.15)	0.095 ** (2.43)	0.107 *** (3.49)	0.231 (0.25)	0.233 (0.25)
N	6735	6735	6735	6735	6735	6735
$Adj\ R^2$	0.251	0.260	0.245	0.250	0.246	0.252

注：①小括号里为 t 值；②*** 、** 、* 分别表示在1%、5%、10%统计水平上显著。

6.3.3 职业生涯关注对高管薪酬激励与非效率投资的调节效应

考虑高管处于职业生涯的不同阶段，其职业生涯关注度也相差甚远，在相关文献的基础上，把高管职业生涯阶段划分为早期、中期和晚期，根据本书的研究假设，把早期与晚期合并在一起进行研究。同样采用层级回归分析方法来验证职业生涯关注对高管薪酬激励与企业非效率投资之间关系的调节效应，同样分两个步骤来进行检验，首先在主效应里加入职业生涯关注变量，其次在步骤 1 的基础上加入职业生涯关注与高管薪酬激励的交互项。

（1）高管处于职业生涯早期和晚期时，对高管薪酬激励与非效率投资的调节作用。

表 6 - 7 报告了高管处于职业生涯初期或末期，对高管薪酬激励与非效率投资的调节效应，从模型（1）、模型（5）的分析结果可以看出，当高管处于职业生涯初期或末期时，高管职业生涯关注与公司非效率投资水平之间均呈显著的正相关关系，即当高管职业生涯关注度高或低时，企业非效率投资水平都越高。在职业生涯初期，高管职业生涯关注度较高，由于急于向市场和股东证明自己的能力，高管往往倾向于重复投资于一些可短期获益的项目，并且投资行为较为激进，从而导致过度投资的产生；而当高管处于职业生涯末期时，其职业生涯关注度较低，为了保住之前的经营成果和声誉，高管投资行为往往趋于保守，从而引致投资不足。过度投资和投资不足都导致企业投资效率的下降。在模型（1）的基础上，加入高管职业生涯关注及货币薪酬的交互项得到模型（2），回归结果显示，在高管货币薪酬与非效率投资显著负相关的基础上，高管职业生涯关注与货币薪酬的交互项系数显著为正，回归系数为 0.070（T 值 = 2.84）。即职业生涯关注正向调节了高管货币薪酬与企业非效率投资之间的负相关关系，即当高管职业生涯关注度高或低时，高管货币薪酬对企业非效率投资的治理作用更弱，与前面预期相符，H8a 得到验证。在模型（3）的基础上加入职业生涯关注与高管股权激励的交互项及职业生涯关注与高管股权激励平方的交互项得到模型（4），回归结果显示：在高管股权激励与企业非效率投资之间呈显著的"U"型关系的基础上，平方项的交互项与企业非效率投资在 10% 显著水平上负相关，即职业生涯关注负向调节了高管股权激励与非效率投资之间的"U"型关系，在高管职业生涯关注度高或低的阶段，高管股权激励对企业非效率投资的治理作用被抑制，与前面预期相符，H8b 得到验证。在模型（5）的基础上，加入职业生涯关注与高管薪酬结构的交互项得到模型（6），回归结果显示：在高管薪酬结构显著降低企业非效率投资水平的基础上，职业生涯关注与高管薪酬结构的交互项与企业非效率投资在 1% 显著水平上正相关，回归系数为 0.092，说明职业生涯关注正向调节了高管薪酬结构与企业非效率投资之间的负相关关

系，即较高或较低的职业生涯关注度，均显著削弱了高管薪酬结构对企业非效率投资的抑制作用，与前面预期相符，H8c 得到验证。

表 6 - 7　　　　　　　　　　高管职业生涯早期和晚期的调节效应

变量	(1)	(2)	(3)	(4)	(5)	(6)
Pay	-0.077 *** (-4.44)	-0.043 ** (-2.04)				
Ei			-0.120 *** (-4.78)	-0.109 *** (-3.35)		
Ei^2			0.018 * (1.80)	0.015 (1.06)		
$Stru$					-0.047 ** (-2.52)	-0.088 *** (-4.08)
$Career1$	0.063 ** (2.49)	0.062 ** (2.46)	0.023 (1.18)	0.045 * (1.73)	0.071 *** (2.83)	0.071 *** (2.83)
$Career1 \times Pay$		0.070 *** (2.84)				
$Career1 \times Ei$				0.073 * (1.92)		
$Career1 \times Ei^2$				-0.023 * (-1.83)		
$Career1 \times Stru$						0.092 *** (3.74)
$Growth$	-0.008 (-0.68)	-0.008 (-0.66)	-0.003 (-0.37)	-0.001 (-0.14)	-0.008 (-0.68)	-0.008 (-0.66)
Roa	0.086 *** (6.00)	0.086 *** (5.99)	0.028 ** (2.55)	0.041 *** (3.65)	0.067 *** (4.77)	0.067 *** (4.81)
$Occupy$	0.184 *** (15.38)	0.183 *** (15.36)	0.072 *** (7.65)	0.080 *** (8.40)	0.179 *** (15.00)	0.179 *** (15.01)
Aer	-0.100 *** (-6.89)	-0.101 *** (-6.97)	-0.004 (-0.31)	0.008 (0.68)	-0.107 *** (-7.51)	-0.106 *** (-7.41)
$Size$	-0.194 *** (-9.88)	-0.196 *** (-9.96)	-0.091 *** (-6.09)	-0.034 ** (-2.23)	-0.183 *** (-10.44)	-0.177 *** (-10.06)

续表

变量	（1）	（2）	（3）	（4）	（5）	（6）
Cash	0.014 (0.99)	0.014 (0.96)	0.067 *** (5.84)	0.074 *** (6.32)	0.020 (1.36)	0.019 (1.32)
State	0.035 ** (2.00)	0.037 ** (2.15)	-0.041 *** (-2.78)	-0.042 *** (-2.75)	0.015 (0.78)	0.014 (0.73)
_cons	-0.070 *** (-3.43)	-0.071 *** (-3.48)	0.078 (0.36)	0.839 *** (28.08)	-0.623 ** (-2.32)	-0.645 ** (-2.41)
N	6735	6735	6735	6735	6735	6735
Adj R^2	0.248	0.257	0.240	0.242	0.241	0.253

注：①小括号里为 t 值；②***、**、*分别表示在1%、5%、10%统计水平上显著。

（2）高管处于职业生涯中期时，对高管薪酬激励与非效率投资的调节作用。

表6-8报告了高管处于职业生涯中期时，对高管薪酬激励与非效率投资的调节效应。从模型（1）、模型（5）的分析结果可以看出，当高管处于职业生涯中期时，职业生涯关注均显著降低了企业非效率投资水平，即公司非效率投资现象得到有效缓解。处于职业生涯中期的高管，由于其在公司的地位趋于稳定，面临被解雇的压力小，尚有较多机会和时间向股东证明自己的能力，因此，这一阶段的高管职业生涯关注度处于中等水平，其往往更注重长期投资及公司投资效率的优化。在模型（1）的基础上，加入职业生涯关注与高管货币薪酬的交互项得到模型（2），从回归结果可以看出，高管货币薪酬与企业非效率投资的相关系数显著为负，而职业生涯关注与高管货币薪酬的交叉项与非效率投资在1%显著水平上负相关，相关系数为-0.07（T值=-2.84），即职业生涯关注负向调节了高管货币薪酬与公司非效率投资之间的负相关关系，说明当高管处于职业生涯中期时，货币薪酬对企业非效率投资的抑制作用得到强化，与前面的预期相符，H9a得到验证。在模型（3）的基础上加入职业生涯关注与高管股权激励的交互项及职业生涯关注与高管股权激励平方的交互项，得到模型（4），回归结果显示，在高管股权激励与非效率投资呈显著的"U"型关系的基础上，职业生涯关注与高管股权激励平方的交互项系数为0.023，且在10%水平上显著，即职业生涯关注正向调节了高管股权激励与非效率投资之间的"U"型关系，说明高管处于职业生涯中期时，股权激励对企业非效率投资的治理作用更加有效，与前面的预期相符，H9b

得到验证。在模型（5）的基础上，加入职业生涯关注与高管薪酬结构的交互项得到模型（6），回归结果显示，在高管薪酬结构与企业非效率投资显著负相关的基础上，职业生涯关注与高管薪酬结构的交互项系数为 −0.092，且在 1% 水平上显著，即高管职业生涯关注负向调节了薪酬结构与公司非效率投资之间的负相关关系，说明当高管处于职业生涯中期时，高管薪酬结构对企业非效率投资的抑制作用得以增强，与前面预期相符，H9c 得到验证。

表 6 − 8 　　　　　　　　　　高管职业生涯中期的调节效应

变量	(1)	(2)	(3)	(4)	(5)	(6)
Pay	−0.077 *** (−4.44)	−0.113 *** (−5.26)				
Ei			−0.120 *** (−4.78)	−0.182 *** (−5.65)		
Ei^2			0.018 * (1.80)	0.037 *** (2.76)		
$Stru$					−0.047 ** (−2.52)	−0.068 *** (−3.72)
$Career2$	−0.063 ** (−2.49)	−0.062 ** (−2.46)	−0.023 (−1.18)	−0.045 * (−1.73)	−0.071 *** (−2.83)	−0.071 *** (−2.83)
$Career2 \times Pay$		−0.070 *** (−2.84)				
$Career2 \times Ei$				−0.073 * (−1.92)		
$Carrer2 \times Ei^2$				0.023 * (1.83)		
$Career2 \times Stru$						−0.092 *** (−3.74)
$Growth$	−0.008 (−0.68)	−0.008 (−0.66)	−0.003 (−0.37)	−0.001 (−0.14)	−0.008 (−0.68)	−0.008 (−0.66)
Roa	0.086 *** (6.00)	0.086 *** (5.99)	0.028 ** (2.55)	0.041 *** (3.65)	0.067 *** (4.77)	0.067 *** (4.81)
$Occupy$	0.184 *** (15.38)	0.183 *** (15.36)	0.072 *** (7.65)	0.080 *** (8.40)	0.179 *** (15.00)	0.179 *** (15.01)

续表

变量	（1）	（2）	（3）	（4）	（5）	（6）
Aer	−0.100 *** （−6.89）	−0.101 *** （−6.97）	−0.004 （−0.31）	0.008 （0.68）	−0.107 *** （−7.51）	−0.106 *** （−7.41）
Size	−0.194 *** （−9.88）	−0.196 *** （−9.96）	−0.091 *** （−6.09）	−0.034 ** （−2.23）	−0.183 *** （−10.44）	−0.177 *** （−10.06）
Cash	0.014 （0.99）	0.014 （0.96）	0.067 *** （5.84）	0.074 *** （6.32）	0.020 （1.36）	0.019 （1.32）
State	0.035 ** （2.00）	0.037 ** （2.15）	−0.041 *** （−2.78）	−0.042 *** （−2.75）	0.015 （0.78）	0.014 （0.73）
_cons	−0.007 （−0.35）	−0.009 （−0.44）	0.101 （0.46）	0.884 *** （30.19）	−0.552 ** （−2.06）	−0.104 （−0.47）
N	6735	6735	6735	6735	6735	6735
Adj R^2	0.248	0.257	0.240	0.242	0.241	0.253

注：①小括号里为 t 值；②***、**、*分别表示在1%、5%、10%统计水平上显著。

6.4　稳健性检验

6.4.1　滞后一期处理的结果

考虑高管薪酬激励的滞后效应以及高管薪酬激励与企业非效率投资之间可能产生的内生性问题，把主要的解释变量滞后一期处理，进行回归分析以检验研究结果的稳健性，发现实证结果基本与前面一致，说明研究具有较好的稳健性。本书主要展示主效应的稳健性检验结果，如表6-9所示，其余不再一一列出。

表6-9　　　　　　　　　　　　主效应的稳健性检验结果

变量	（1）	（2）	（3）	（4）
Pay	−0.117 *** （−6.60）			−0.129 *** （−7.04）
Ei		−0.109 *** （−4.82）		−0.121 *** （−5.69）
Ei^2		0.012 * （1.91）		

续表

变量	(1)	(2)	(3)	(4)
Stru			-0.030* (-1.72)	
Pay×Ei				-0.058*** (-2.97)
Growth	0.309 (0.59)	-0.002 (-0.19)	-0.752* (-1.78)	0.283 (0.55)
Roa	0.018 (0.94)	0.043*** (3.83)	-0.022 (-1.40)	0.019 (1.01)
Occupy	0.108*** (8.22)	0.080*** (8.40)	0.047*** (4.33)	0.102*** (7.82)
Aer	-0.148*** (-5.48)	0.009 (0.79)	-0.001 (-0.04)	-0.148*** (-5.51)
Size	-1.164*** (-30.69)	-0.028* (-1.83)	-0.062* (-1.88)	-1.127*** (-29.63)
Cash	0.073*** (3.96)	0.073*** (6.24)	0.028* (1.81)	0.062*** (3.35)
State	0.080 (1.13)	-0.056*** (-3.81)	-0.020 (-0.35)	0.072 (1.02)
_cons	0.264 (0.28)	0.845*** (32.35)	0.434*** (8.57)	0.371 (0.40)
N	6733	6733	6733	6733
Adj R²	0.247	0.249	0.162	0.256

注：①小括号里为 t 值；②***、*分别表示在1%、10%统计水平上显著。

6.4.2 替换变量进行稳健性检验

采用主成分分析法综合得出的高管权力指标替代前面均值法得出的值，采用"董监高前三位"替换"高管前三位"的薪酬总额，直接采用年龄来代理高管职业生涯关注来进行回归，发现研究结果没有实质性改变，说明研究结论是具有稳健性的。基于篇幅等方面的限制，表格在此不再一一列出。

6.5 本章小结

基于第 4 章的研究假设及第 5 章变量的测度与数理模型的构建，本章对前面所提出的三个层次的研究假设进行了较为规范的实证检验。首先，对主要变量进行描述性统计，以阐述变量的基本情况。其次，对变量做了相关性分析，以初步判断变量之间的相关关系，初步验证模型构建的合理性。再次，进行多元回归分析，从高管货币薪酬、股权激励、薪酬结构及薪酬的协同效应 4 个维度来验证高管薪酬激励对企业非效率投资的治理作用；通过层级回归的方法来验证高管权力及职业生涯关注对高管薪酬激励与非效率投资之间关系的调节效应，揭示了高管薪酬激励影响企业非效率投资的两条作用路径。根据高管权力的来源不同，分别从高管结构权力、所有权权力、专家权力来探讨其对高管薪酬激励与企业非效率投资之间关系的调节作用；根据高管职业生涯不同阶段，分别从高管职业生涯早期和晚期以及中期来考察其对高管薪酬激励与企业非效率投资之间关系的调节效应。实证结果表明：本书的大部分研究假设都得到了验证，各假设验证具体情况如表 6 – 10 所示。高管结构权力与高管所有权权力对股权激励与企业非效率投资之间 "U" 型关系的调节效应没有得到验证，可能的原因在于 "U" 型关系的调节采用分段验证的方法更契合。最后，为保证研究结果的稳健性，采用滞后一期的数据及替换变量的方法进行稳健性检验，发现研究结果没有实质性改变。

表 6 – 10　　　　　　　　　　研究假设的验证

假设	假设内容	检验结果
H1	高管薪酬水平与非效率投资负相关	支持
H2	股权激励与非效率投资呈 "U" 型关系	支持
H3	高管薪酬结构与非效率投资负相关	支持
H4	高管货币薪酬与股权激励具有协同效应，共同抑制了企业非效率投资	支持
H5a	高管结构权力抑制了货币薪酬与非效率投资的负相关关系	支持
H5b	高管结构权力抑制了股权激励与非效率投资的 "U" 型关系	不支持
H5c	高管结构权力抑制了薪酬结构与非效率投资的负相关关系	支持
H6a	高管所有权权力抑制了货币薪酬与非效率投资的负相关关系	支持

续表

假设	假设内容	检验结果
H6b	高管所有权权力抑制了股权激励与非效率投资的"U"型关系	不支持
H6c	高管所有权权力抑制了薪酬结构与非效率投资的负相关关系	支持
H7a	高管专家权力强化了货币薪酬与非效率投资的负相关关系	支持
H7b	高管专家权力强化了股权激励与非效率投资的"U"型关系	支持
H7c	高管专家权力强化了薪酬结构与非效率投资的负相关关系	支持
H8a	高管处于职业生涯早期和晚期时,货币薪酬与非效率投资之间的负相关关系被弱化	支持
H8b	高管处于职业生涯早期和晚期时,股权激励与非效率投资之间的"U"型关系被弱化	支持
H8c	高管处于职业生涯早期和晚期时,薪酬结构与非效率投资之间的负相关关系被弱化	支持
H9a	高管处于职业生涯中期时,货币薪酬与非效率投资之间的负相关关系被强化	支持
H9b	高管处于职业生涯中期时,股权激励与非效率投资之间的"U"型关系被强化	支持
H9c	高管处于职业生涯中期时,薪酬结构与非效率投资之间的负相关关系被强化	支持

| 7 |

研究结论与启示

本章在前面理论研究与实证分析的基础上,系统总结本书的研究结论,并据此提出针对性的政策建议。进一步分析本书的不足之处,为后续的研究指明方向。

7.1 研究结论与讨论

在我国微观企业普遍存在非效率投资现象的背景及宏观层面对化解产能过剩、优化投资效率的呼吁之下,对上市公司非效率投资现象的治理显得重要而迫切。本书从公司治理的核心机制高管薪酬激励机制入手,从高管权力及高管职业生涯关注的双重视角层面,系统探索我国上市公司非效率投资的治理路径。采用 2012~2016 年 A 股上市公司数据,基于委托代理理论、最优契约理论、高管权力理论及职业生涯关注理论,系统验证了高管薪酬激励对企业非效率投资的影响,并从高管外部治理特征高管权力及内部隐性特征职业生涯关注两个视角来考察对它们之间关系的调节作用。旨在回答以下三个问题:①什么样的高管薪酬激励机制能够对我国上市公司非效率投资治理现象起到有效治理的作用?②什么样的高管权力配置下高管薪酬激励对企业非效率投资的治理作用能够得到较好的发挥?③高管职业生涯关注的不同阶段对高管薪酬激励与企业非效率投资之间关系起到了怎样的作用?主要得出以下几点研究结论。

(1)高管薪酬激励对企业非效率投资的影响。

委托代理框架下的企业非效率投资的动因主要有委托代理冲突、信息不对称及风险承担。最优契约理论认为设计合理的高管薪酬激励机制能够促进高管和股东之间的利益协同,实现激励相容,促使高管做出有利于公司价值最大化的决策,从而缓解委托代理问题。因此,本书分别从高管货币薪酬、股权激励、薪酬结构、薪酬的协同效应这四个维度来探讨高管薪酬激励对企业非效率投资的影响。主要研究结论如下：高管货币薪酬能够有效抑制企业非效率投资现象，在我国上市公司目前主要以货币薪酬为主的薪酬激励模式下，货币薪酬对高管投资行为依然能够起到较为有效的激励作用。高管股权激励与企业非效率投资之间呈显著的"U"型关系，即一定比例的高管持股水平有利于促进高管利益与企业价值之间的协同与一致，高管更愿意为提升投资效率及公司价值而努力，进而表现出股权激励利益协同的一面；但伴随着高管持股水平的逐步上升，高管更倾向于获得既定收益，冒险意愿下降，而控制权的增加也诱发了高管机会主义行为，进而加剧了企业非效率投资，股权激励的沟壑效应显现。高管薪酬结构显著降低了企业非效率投资水平，本书中的薪酬结构是指高管权益收益占总收益的比重，即以长期激励为主的薪酬结构能够更有效地激励高管致力于企业投资效率的提升。最后，发现高管货币薪酬与股权激励的交互项与企业非效率投资呈显著的负相关关系，即高管货币薪酬与股权激励对企业非效率投资起到了协同治理作用，它们之间呈互补关系，短期激励与长期激励形式的有机组合比单一形式能够更好地激励高管对企业投资效率的关注，缓解企业非效率投资现象。

（2）高管权力对高管薪酬激励与企业非效率投资的调节作用。

高管权力大小一定程度上反映了高管在公司内部的决策自由度及受到董事会的监督与约束程度。因此，高管权力无疑对高管薪酬的激励效应及企业非效率投资都有着重要影响。根据高管权力的来源不同，本书从高管结构权力、所有权权力、专家权力三个维度探讨了其对高管薪酬激励与企业非效率投资之间关系的权变影响。研究发现：来源于组织赋予高管法定职位而产生的结构权力越大，企业非效率投资水平越高，并且高管结构权力抑制了高管货币薪酬对企业非效率投资的治理作用；但高管结构权力对高管股权激励与企业非效率投资之间"U"型关系的调节作用没有得到验证；高管结构权力削弱了高管薪酬结构对企业非效率投资的抑制作用。高管结构权力越大，其受到的董事会监督与外部约束力度越得以削弱，高管更多地体现为代理人角色，投资行为顺理成章地沦为高管权力寻租的工具，加剧了高管的非效率投资动机；另一方面，高管结构权力导致了薪酬激励机制的失效，双重共振效应弱化了高管薪酬激励对企业非效率投资的治理作用。来自公司所有权安排的高管所有权权力越大，企业非效率投资现象越严重，并且高管所有权权力弱化了高管货币薪酬对企业非效率投资的抑制作用；高管所有权权力对高管股权激励与企业非效率投资之间"U"型关系的调节作用没有得到验证；高管所有权权力抑制了薪酬结构对企业非效率投资的治理作用。高管所有权权力越大，其所受到公司股东的监督及其他各方的约束就越少，一方面，高管更多地表现为代理人角色，拥有较强控制权和信息优势的高管利用投资为自身谋取私利，进而恶化了企业非效率投资，损害了公司价值；另一方面，高管利用手中的权力操控薪酬的制定与执行，导致高管薪酬激励机制的失灵。高管所有权权力的双重影响抑制了高管薪酬激励对企业非效率投资的治理作用。来源于高管个人知识、社会声誉及经验的高管专家权力越大，企业非效率投资水平越低。高管专家权力越大，高管往往更多地表现为"管家"角色，被尊重和认可的需求促使高管更多地考虑公司整体利益，具有更强的动机致力于公司投资效率的优化及公司价值的提升。同时，高管专家权力强化了高管薪酬激励对企业非效率投资的抑制作用；高管专家权力强化了高管股权激励与企业非效率投资之间的"U"型关系；高管专家权力强化了高管薪酬结构对企业非效率投资行为的治理作用。

（3）职业生涯关注对高管薪酬激励与企业非效率投资的调节效应。

根据高管年龄把高管职业生涯划分为三个阶段，即职业生涯早期（年龄小于45岁）、职业生涯中期（年龄在45～50岁）、职业生涯晚期（年龄大于50岁）。研究结果表明：当高管处于职业生涯初期和末期时，企业非效率投资现象严重，并且在高管职业生涯早期和末期阶段，即高管职业生涯关注度高或低时，高管货币薪酬对企业非效率投资的抑制作用被弱化；高管股权激励与企业非效率投资之间的"U"型关系被弱化；高管薪酬结构对企业非效率投资的治理作用也被抑制。处于职业生涯初期的高管，其职业生涯关注度往往比较高，为了向市场和董事会证明自己的实力，倾向于重复投资一些短期容易获利的项目而造成非效率投资；而处于职业生涯末期的高管，有限的在职时间使得其职业生涯关注度较低，为了维持已有的业绩和声誉，其投资行为一般比较保守，可能会放弃一些优质项目的投资，造成非效率投资。再加之处于这两个职业生涯阶段的高管往往薪酬水平并不高，他们对其他方面的关注可能超过对薪酬的关注，因而高管薪酬机制的激励作用被削弱。双重影响导致了在高管职业生涯初期或末期时，薪酬激励对企业非效率投资的治理作用被弱化。当高管处于职业生涯中期阶段时，企业非效率投资水平较低，并且在高管职业生涯中期阶段，职业生涯关注强化了高管货币薪酬对企业非效率投资的抑制作用；职业生涯关注强化了高管股权激励与企业非效率投资之间的"U"型关系；职业生涯关注也强化了高管薪酬结构对企业非效率投资的治理作用。处于职业生涯中期阶段的高管，其能力已逐渐得到公司股东和经理人市场的认可，此时高管的职业生涯关注度处于中等水平，其投资行为不再像初期那样激进，也不像末期那样保守和短视，而是更倾向于投资一些有利于公司长期发展的项目，提升公司投资效率及公司业绩。同时，处于这一阶段的高管往往拥有较高的薪酬水平，薪酬机制对其起到了较好的激励作用。在这两方面的共同作用下，当高管处于职业生涯中期时，薪酬激励对企业非效率投资的治理作用被强化。

7.2　研究贡献

本书综合了委托代理理论、最优契约理论、高管权力理论与职业生涯关注理论，通过文献研究、逻辑演绎、实证分析等方法，构建并验证了基于高管权力及职业生涯关注双重视角下的高管薪酬激励对企业非效率投资的影响机制，研究的主要贡献体现在以下几个方面：

（1）本书摒弃了以往仅从高管货币薪酬或股权激励某一角度来研究高管薪酬激励效应的模式，从高管货币薪酬、股权激励、薪酬结构及协同效应这四个维度系统探讨了高管薪酬激励对企业非效率投资的影响，丰富和完善了高管薪酬激励效应的相关理论研究。

（2）本书突破了以往"高管薪酬—投资行为"这种较为单一的研究思路，将高管外部治理特征高管权力及高管内部隐性特征职业生涯关注作为权变因素纳入该问题的研究中，充分揭示了高管薪酬激励在不同的高管权力配置及高管职业生涯关注的不同阶段，对企业非效率投资治理机制的差异，为高管薪酬激励机制更好地发挥作用提供了重要的理论参考，也进一步丰富了企业投资理论。

（3）本书认为高管权力配置不同，其发挥的作用及体现的角色也不一样，发现高管在结构权力及所有权权力的驱使下表现为"代理人"角色，在专家权力的驱动下则往往表现为"管家"角色。研究拓展和丰富了高管权力理论。

（4）将职业生涯关注理论纳入投资领域进行研究与验证，发现高管处于职业生涯早期和末期时更容易导致企业非效率投资，而在职业生涯中期则往往有助于投资效率的提升，研究进一步拓展了职业生涯关注理论的应用边界。

7.3　政策建议

根据本书的规范分析和实证研究结果，提出完善我国上市公司高管薪酬激励机制、强化我国上市公司高管权力的监督和激励机制、完善我国上市公司高管的选聘机制。

7.3.1　完善我国上市公司高管薪酬激励机制

（1）将高管薪酬与业绩挂钩，完善企业业绩指标体系。

目前，高管薪酬与企业业绩相关性不强，高管薪酬只升不降，高管薪酬升降比例不合理等现象突出。只有提高高管薪酬对企业业绩的敏感度，业绩好则薪酬高，业绩差则薪酬低，才能发挥薪酬的激励作用，解决在薪酬方面高管权力存在的"寻租"问题。进一步完善企业业绩指标体系，往往企业高管可以透过董事会和薪酬委员会制订有利于自身的业绩目标，所以在制订企业业绩指标时，不能只选择营业收入、净利润、净资产收益率等容易人为操作的财务指标，还要包括每股收益、每股净资产、市盈率、市净率等市场关键指标，建立以资本回报为核心，体现公司真正价值为基础的业绩指标体系，避免高管薪酬与业绩出现"倒挂"。针对目前业绩考核机制过分强调规模和短期效益，容易导致非效率投资，需要建立长效的业绩考核机制，降低现有考核指标中的规模权重系数，减少对短期效益指标考核，转变高管"短视"行为，推动企业业绩持续增长。

（2）优化高管薪酬结构，提高薪酬激励的有效性。

目前，我国高管薪酬激励形式主要为货币薪酬，薪酬结构较为单一，薪酬激励效果不理想。为此，应优化高管薪酬结构，完善薪酬激励机制，引入股权、期权等多元化的激励措施，拓宽薪酬结构。一是积极推进股权激励形式，提高高管权益收益在薪酬中的比重。股权激励是一种长期激励措施，它有助于抑制高管的短期行为。目前，仍有上市公司高管存在"零股权"现象，可采取"现金+股票"的形式，结合高管在企业的经营业绩、市场业绩、工作年限等，给予一定比例的股权激励，使得高管薪酬更加市场化。短期激励和长期激励的结合，能把高管的个人利益与企业利益捆绑在一起，实现企业的长远发展。二是创新股权激励形式，不仅采用常规的股权激励，如限制性股票、股票期权、股票增值权等，还要创新长期激励措施，如跟投计划、合伙人计划、收益权转让等，不断丰富长期股权激励形式。三是进一步完善公司治理结构，为股权激励的实施提供良好的内部环境。公司治理是股权激励实施的顶层设计，实现股权激励需要良好的内部环境，只有相应的约束机制才能达到制衡作用，在推行股权激励时要强化公司治理约束机制，提高公司治理约束水平。只有好的公司治理，才能制约高管自利动机，让股权激励真正发挥作用。四是完善股权激励的制度环境，为其顺利实施提供外部环境。股权激励机制需要资本市场的支持，我国股市受政策面影响较大，与发达国家相比，国内投资者不理智、欠成熟，股市波动较大，导致股权激励存在一定风险。为此需要进一步完善资本市场相关制度，加大对资本市场的监督和约束，避免资本市场大起大落，为实现股权激励提供稳定的外部环境。五是股权激励方案如何制定，需要考虑高管自身的个体特点，根据经验、能力、个人情绪、对风险态度等因素，来制定股权激励方案，灵活调整激励方式，以确保实现股权激励的最优水平。

（3）继续完善高管薪酬信息披露机制，发挥外部监督力量的作用。

证监会要求上市公司披露高管薪酬，但目前上市公司高管薪酬披露缺乏完整性和全面性，披露的信息过于笼统，没有明确要求。目前，上市公司仅披露了高管的总薪酬，没有披露薪酬的构成明细，如基本工资、奖金、福利和在职消费等。没有披露高管薪酬决策方案，了解不到薪酬制定的流程、相关考核业绩指标和实施条件等。总而言之，目前高管薪酬信息披露较为简单，没有统一的要求和标准，股东难以对高管薪酬进行监督，普通投资者更无法了解高管薪酬详细情况。因此，要明确高管薪酬信息披露的具体内容、实施细节、薪酬确定标准、薪酬发放形式、薪酬发放时间等，建立统一的高管薪酬信息披露平台，定期对高管薪酬进行披露，迫使高管自我约束。另外，要加强媒体、中介机构等外部机构监督作用，促使上市公司提高高管薪酬信息披露的透明度，加大高管操纵薪酬的难度，压缩高管操纵薪酬的空间。媒体是"无冕之王"，利用媒体的持续深入报道，对抑制高管过度薪酬有积极作用，形成舆论导向，对上市公司高管薪酬进行舆论监督，充分发挥外部监督机制作用，提高高管薪酬披露的真实性，有效遏制高管薪酬自定和高管权力寻租的发生。

（4）健全薪酬委员会制度，规范薪酬委员会运行机制。

大部分上市公司都已设立薪酬委员会，但多数薪酬委员会并未有效运行，发挥出真正的作用，薪酬委员会缺乏有效的运行机制。为此，须借鉴发达国家经验，结合我国实际情况，进一步健全薪酬委员会制度。一是要明确规定薪酬委员会具体职责和运行程序，强化薪酬委员会的独立性。目前，很多薪酬委员会成员多为执行董事，在某种程度上董事和高管存在一定的共同利益，执行董事担任薪酬委员的独立性不强，为确保薪酬委员会的独立性，可由专业人员担任委员。二是突出薪酬委员会的专业性。选拔专业人员负责委员会工作，而不是聘请兼职专家和学者，由专业人员负责薪酬测算，对高管薪酬进行整体规划，制定详细的高管薪酬办法，提高薪酬委员会的专业水平和运行效率。

7.3.2 强化高管权力的监督和激励机制

从研究结果可以看出，高管权力的配置不同，其发挥的作用也不一样，高管倾向于使用高管结构权力和所有权权力进行权力寻租，恶化了企业非效率投效率，操控薪酬的制定和执行，抑制了高管薪酬激励对非效率投资的治理作用；而高管通过行驶专家权力，实现企业价值的提升，从而被尊重和认可，缓解了企业非效率投资行为，强化了高管薪酬激励对非效率投资的治理作用。因此，需对高管的正式权力加以监督和约束，避免"内部人控制"问题，对高管的非正式权力加强激励和引导，充分发挥高管权力的积极效应。

（1）强化高管权力监督和制衡机制，实现高管在权力寻租上的"不能为"。

构建董事会、监事会、独立董事等监督机制，解决高管结构权力集中问题。一是目前一些上市公司存在大规模的董事会现象，导致董事会监督成本和协调成本较高，董事之间扯皮推诿经常出现。高管兼职担任董事长，高管认命的董事在董事会中占比较高，高管职位集中度较高，这些都制约了董事会监督职能的发挥。为此，要控制董事会规模，减少执行董事人数，杜绝董事唯高管是从，甚至被高管"绑架"，增加外部独立董事比例，强化外部独立董事的独立性，独立董事要从公证、客观的角度独立发表意见。二是目前董事会往往对高管的经营决策进行事后监督，由于高管可能在经营决策中自定薪酬谋取私利，而在事后通过各种办法掩盖，这为高管寻租提供了空间。董事会应加强事前、事中的监督，加大对经营决策制定及执行的监督，压缩高管寻租空间。三是加强监事会对高管的监督。目前，上市公司监事会职责虚化，监督职能尚未真正发挥，甚至成为"摆设"。因此，监事会作为内部监督机构应该切实履行职责，防止高管滥用职权，损害股东利益。要规范监事会组织构成、监事选任程序，强化监事会对业务、经营决策、业绩指标、董事认命等进行独立监督。监事会对股东大会直接负责，确保监事会的独立性。要保障监事独立行使职权时的薪酬，确保对监事会薪酬激励机制与高管薪酬激励机制分离。提升监事岗位的准入门槛，剔除内部利益相关者，提高监事会成员的专业水平，确保监事有足够能力履行职责。四是完善独立董事制度。独立董事制度是公司治理的重要组成部分，独立董事要对高管经营决策行为独立的发表意见，是非常重要的监督力量。独立董事的"独立性"是其发挥作用的关键所在。独立性源于独立董事的产生程序、完整透明的选聘机制，使得独立董事不受高管左右。同时独立董事需要在薪酬激励上的独立，由股东大会单独对其工作进行考核，避免独立董事薪酬与高管相关联，切实发挥独立董事的监督作用。

加强股东治理，鼓励机构投资者参与公司治理。一是合理的股权结构是解决高管所有权集中的根本，有利于更好地配置企业控制权，加强对高管权力的制衡。高管持股比例不宜过高，加强股东治理，可有效防止高管权力膨胀，抑制高管滥用权力，发生非效率投资行为。引导外部性质的股东积极参与公司治理，可预防大股东与高管合谋，监督高管权力下的投资行为，提高投资效率。二是鼓励机构投资者通过多渠道方式介入公司治理，可避免内部人控制，间接影响高管行为，抑制企业非效率投资。要适度放宽机构投资者持股比例限制，增加机构投资持股比例，提高机构投资者的"话语权"，激发机构投资者介入企业经营决策和公司治理中来，积极发挥股东作用，监督高管行为。完善机构投资者的持股结构，引入和培育更多的机构投资者，鼓励机构投资者长期持股，参与公司治理，形成合力，监督高管权力下的投资行为，提高投资效率。三是完善经理人竞争市场。目前，我国职业经理人竞争市场还有待完善，高管人员面临的岗位竞争压力较小，非效率投资的成本较小。推进职业经理人市场化，实施高管的市场竞聘，制定合理的高管价值评估体系，选拔优秀的高管参与到企业的投资决策中来，可抑制高管权力滥用，提高企业投资效率。因为在一个成熟的市场中，高管的能力、技能、历史业绩等信息相对透明，高管由于懈怠或者能力不足导致公司经营不佳，就会被辞退，高管恪尽职守业绩突出，将会被继续聘用。考虑市场信息的对称性，高管从自身的声誉和将来的职业生涯考虑，也会切实行使手中权力，降低企业非效率投资机会。

明晰高管权力与职责。明确界定高管权力范围，将权力与应承担的责任一一对应，制定高管权力执行过程中监督及约束机制，对于高管责任与权力行使的结果进行双向挂钩，科学公证地评价和考核权力行使和职责承担情况，考核结果与高管薪酬直接挂钩。建立全方位、多层次、多维度的监督与约束机制，从权力源头、行使权力过程以及权力行使的后果等方面，弱化权力的负面行为，避免由于权力的滥用而造成企业非效率投资。

建立健全企业内控机制。发挥内审部门、稽核部门对企业投资的监督作用，在投资决策中形成相互制约，建立高质量的内控体系，提高企业投资效率。加大高管对重大投资项目决策的责任考核，签订重大投资责任书和风险责任状，对重大投资项目进行审计和稽核，对项目投资后续情况进行动态监督，持续评价投资效果和业绩情况，约束高管在企业投资上的自利行为。

（2）加大高管权力的激励力度，实现高管在权力寻租上的"不想为"。

高管专家权力有助于提高薪酬激励对企业非效率投资的抑制作用。因此，选聘个人能力强、经验丰富、高学历高职称、任职数量多的人员来担任高管，特别是在业界内有较高声望的人员担任高管，在某种程度上更能发挥高管的"管家"职责，进行企业效率投资。同时要注重高管个体与企业的匹配程度，在选聘高管时，充分考虑个体差异，以人为本，充分发挥高管权力的激励作用。

更加关注对高管的非物质激励。当高管获得较高薪酬后，其基本需求已经得到满足，更多地需要实现自我价值和社会认同。为此，要建立和谐的企业理念，营造家园式的企业文化，让高管找到归属感，在精神上与企业融为一体，充分肯定高管的价值，给予高管精神奖励。推动高管参与各种先进评选活动，使高管获得名誉奖励，满足自我实现的动机，激发其"管家"作用，促进企业效率投资。同时通过各种媒体对高管的形象和行为进行适当宣传，塑造高管形象，引起社会公众关注，满足其社会认同的动机，从而最终实现企业的效率投资。并对高管进行晋升激励，为其提供一定的晋升空间，提供更大的平台和机会，激发工作积极性，让高管对职业生涯前景满怀信心，充分激发高管的主观能动性，促使其致力于企业投资效率的提升。

7.3.3　从职业生涯关注的视角完善高管选聘机制

从本书的实证研究可以看出，高管职业生涯关注的不同阶段对企业非效率投资及高管薪酬激励与非效率投资之间关系的调节作用也有所不同，具体而言，高管职业生涯关注高或低，都容易造成高管的非效率投资行为，从而进一步抑制了高管薪酬激励对非效率投资的治理作用；而适度的高管职业生涯关注度则能够起到缓解企业非效率投资的作用，进而强化了高管薪酬激励对非效率投资的治理作用。

因此，公司在制定高管选聘制度以及监督高管经营管理过程中，除了考查其个人从业经验、综合素质等因素外，需要将其职业生涯关注纳入考虑的范围。本书的实证结果表明，我国上市公司高管的职业生涯关注往往导致其在投资决策过程中产生决策偏差，因此，董事会应考虑高管职业生涯关注对公司投资决策可能产生的影响，并采取适当的措施，通过设计制度或恰当契约来处理可能产生的决策偏差，以避免其决策和行为有悖于股东利益最大化的经营原则。董事会应预判高管职业生涯关注可能产生的投资决策偏差，将高管职业生涯与企业所处生命周期、发展阶段、经营目标、投资风险偏好等进行匹配。若预期的偏差有利于实现企业经营目标和经营业绩，则高管职业生涯关注就强化了企业的投资效率。否则，董事会应采取有效措施来缓解高管职业生涯关注产生的决策偏差，纠正其可能带来的非效率投资。例如，通过完善监督机制，加强对高管在经营决策行为的事前和事中监管。设计合理的高管薪酬结构、多元化的激励形式，长短期激励形式相结合，物质和非物质激励相结合，明确高管权责利，完善公司治理结构等措施，降低其职业生涯关注可能带来的负面影响，提高企业投资效率。

7.4 研究不足与展望

7.4.1 研究不足

本书采用规范的理论分析和实证分析方法，从高管权力与职业生涯关注的双重视角探索了高管薪酬激励对企业非效率的影响，得出了一些有价值的研究结论，丰富和拓展了高管激励效应的研究，为企业投资行为理论做出了边际贡献，深化了高管权力与职业生涯关注的经济效果研究，拓展了它们的应用边界。但囿于笔者的研究篇幅、数据收集有限等方面的原因，本书还存在着一些不足之处，有待于后续的继续深入和探索。主要集中在以下几个方面：

（1）研究尚未把高管隐性激励方式纳入企业非效率投资的研究中。

高管激励契约包含丰富的内容，不仅仅表现在货币薪酬、股权激励等显性激励方式上，高管控制权激励、政治晋升动机、声誉等隐性激励方式也都可能会影响高管的投资行为。鉴于研究设计及研究的可行性，本书只考察了高管薪酬激励对企业非效率投资的影响，这可能会导致研究结论具有一定的局限性。

（2）对于高管职业生涯关注的度量方式尚比较单一。

鉴于数据的可获得性，本书主要采用了高管年龄来代理高管职业生涯关注变量，还可以采用高管强制性变更概率来替代高管职业生涯关注变量，但由于目前国泰安数据库尚没有高管强制性变更的相关数据信息，需要结合国泰安数据库披露的高管变更原因及手工统计高管变更去向来共同准确界定高管强制性变更事件，因此，数据收集的工作量巨大，由于时间和人力方面的有限性，加之通过高管变更信息的整理来界定高管强制性事件尚存在一定的主观性，致使本书最终没有采用高管强制性变更概率来代理职业生涯关注指标。

（3）尚没有将企业外部制度环境纳入该问题的研究中。

本书主要从高管这个行为主体的视角来考察对企业非效率投资的治理机制，在实践中影响高管投资行为的因素还有很多，如公司外部制度环境等。囿于研究视角的限制，本书在模型中对这些因素进行了控制，尚没有将其作为重要研究变量纳入企业非效率投资的研究中。

7.4.2　研究展望

以上研究的不足也为后续的研究指明了方向，未来将从以下几个方面继续拓展和深化，以期弥补研究中的不足之处。

（1）将高管隐性激励方式纳入该问题的研究中。

随着我国上市公司高管激励制度的健全和完善，高管激励的形式逐渐丰富和多样化，不仅包括高管显性激励方式，主要是指高管货币薪酬及股权激励，还包括高管隐性激励方式，主要是指控制权激励、晋升激励、声誉激励等。而每种激励方式于高管投资行为的影响作用路径各不相同，而且作为高管契约的各个子契约，它们之间不是相互孤立的，而是相互影响的，也有可能是互补的关系。未来可从这些方面进一步展开研究和讨论，可以从高管的隐性激励方式入手，更深入地挖掘高管激励对企业非效率投资的治理作用。

（2）可尝试性地采用高管强制性变更概率来代理职业生涯关注指标。

本书借鉴相关文献采用的是高管年龄作为职业生涯关注的代理指标，随着高管年龄的增长，高管职业生涯关注度逐渐越低。而高管强制性变更概率也可以反映职业生涯关注指标，一般而言高管职业生涯关注度与高管强制性变更概率呈正比关系，被强制性变更的概率越大，其职业生涯关注度越高。因为，如果高管被强制性变更，将会较大程度的影响其在经理人市场上的声誉，其未来职业的发展前景与收入也将被大打折扣，如果当期决策合理就可以挽回这种不利局面，因此，当前的业绩影响了对未来的收益。可根据国泰安数据库中披露的高管变更信息，结合高管变更后的去向综合判断高管强制性变更事件。总之，可以尝试采用多种方式来度量高管职业生涯关注变量，以便更全面地考察高管职业生涯关注对企业非效率投资的影响及其调节作用的发挥。

（3）从外部制度环境的视角来探索抑制企业非效率投资的方法和路径。

企业非效率投资不仅受企业内部核心治理机制高管薪酬激励以及高管特征的影响，还受到外部制度环境的影响。新制度经济学认为，制度环境决定并塑造组织内部契约，对企业的经营决策有着重要影响（La Porta et al.，1999），如产权性质，产权性质代表了政府的干预程度，在我国特有的制度背景下政府干预对企业非效率投资有着重要影响，尤其是国有企业，相关研究发现政府干预是引致国有企业过度投资现象的重要因素（张宗辉、王宗军，2010）。在本书中，对产权性质进行了控制，未来可将其作为重点来展开研究。另外，还有市场化程度、机构投资者治理等方面，随着"万宝之争""前海人寿举牌格力"等热点事件的发生，机构投资者在资本市场中的地位日渐凸显，未来可将机构投资者在资本市场中扮演的角色纳入对企业非效率投资的治理中来，充分发挥其正面治理作用。

参考文献

［1］陈冬华，陈信元，万华林．国有企业中的薪酬管制与在职消费［J］．经济研究，2005（2）：92 - 101.

［2］陈晓芸，吴超鹏．政治关系、社会资本与公司投资效率——基于投资—现金流敏感度视角的分析［J］．山西财经大学学报，2013，35（6）：91 - 101.

［3］陈震，丁忠明．基于管理层权力理论的垄断企业高管薪酬研究［J］．中国工业经济，2011（9）：119 - 129.

［4］谌新民，刘善敏．上市公司经营者报酬结构性差异的实证研究［J］．经济研究，2003（8）：55 - 63.

［5］池国华，杨金，郭菁晶．内部控制、EVA 考核对非效率投资的综合治理效应研究——来自国有控股上市公司的经验证据［J］．会计研究，2016（10）：63 - 69.

［6］代彬，彭程．高管控制权、资本扩张与企业财务风险——来自国有上市公司的经验证据［J］．经济与管理研究，2012（5）：20 - 30.

［7］代彬．高管控制权与自利行为研究——来自国有上市公司的经验证据［D］．重庆大学，2011：1 - 132.

［8］杜胜利，翟艳玲．总经理年度报酬决定因素的实证分析——以我国上市公司为例［J］．管理世界，2005（8）：114 - 120.

［9］甘柳，罗鹏飞，杨招军．特质管理者决策下的企业投融资研究［J］．系统科学与数学，2016，36（11）：1997 - 2006.

［10］顾斌，周立烨．我国上市公司股权激励实施效果的研究［J］．会计研究，2007（2）：79 - 84.

［11］郭世俊，王颖．CEO 职业生涯初期与上市公司研发投入——基于 A

股市场面板数据的实证分析［J］．财会月刊，2016（11）：19 – 23.

［12］韩静，笪彦雯，赵经纬．稳健会计政策下的高管过度自信与投资效率关系研究［J］．东南大学学报（哲学社会科学版），2016，18（1）：76 – 85.

［13］郝颖，刘星，林朝南．我国上市公司高管人员过度自信与投资决策的实证研究［J］．中国管理科学，2005，13（5）：144 – 150.

［14］郝云宏，左雪莲．管理层权力、TMT 网络与高管薪酬［J］．商业经济与管理，2018（7）：41 – 48.

［15］何金耿，丁加华．上市公司投资决策行为的实证分析［J］．证券市场导报，2001（9）：44 – 47.

［16］侯巧铭，宋力，蒋亚朋．管理者行为、企业生命周期与非效率投资［J］．会计研究，2017（3）：61 – 67.

［17］胡国柳，周遂．政治关联、过度自信与非效率投资［J］．财经理论与实践，2012，33（6）：37 – 42.

［18］胡建平，干胜道．自由现金流量的代理成本：理论和证据［J］．当代财经，2009（12）：107 – 114.

［19］简建辉，余忠福，何平林．经理人激励与公司过度投资——来自中国 A 股的经验证据［J］．经济管理，2011（4）：87 – 95.

［20］姜付秀，伊志宏，苏飞，等．管理者背景特征与企业过度投资行为［J］．管理世界，2009（1）：130 – 139.

［21］姜付秀，张敏，陆正飞，等．管理者过度自信、企业扩张与财务困境［J］．经济研究，2009（1）：131 – 143.

［22］姜付秀，黄继承．经理激励、负债与企业价值［J］．经济研究，2011（5）：46 – 60.

［23］金豪，夏清泉．上市公司管理者风险偏好与公司非效率投资——基于国有企业与非国有企业的比较分析［J］．上海对外经贸大学学报，2017（2）：61 – 71.

［24］雷鹏，梁彤缨．薪酬结构对管理层激励与企业研发效率关系的影响研究［J］．武汉商学院学报，2016，30（5）：55 – 62.

［25］李培功，肖珉．CEO 任期与企业资本投资［J］．金融研究，2012

（2）：127-141.

[26] 李胜楠，牛建波．高管权力研究的述评与基本框架构建 [J]．外国经济与管理，2014，36（7）：3-13.

[27] 李胜楠，吴泥锦，曾格凯茜，等．环境不确定性、高管权力与过度投资 [J]．财贸研究，2015（4）：111-121.

[28] 李维安，姜涛．公司治理与企业过度投资行为研究——来自中国上市公司的证据 [J]．财贸经济，2007（12）：56-61.

[29] 李延喜，曾伟强，马壮，等．外部治理环境、产权性质与上市公司投资效率 [J]．南开管理评论，2015，18（1）：25-36.

[30] 李焰，秦义虎，张肖飞．企业产权、管理者背景特征与投资效率 [J]．管理世界，2011（1）：135-144.

[31] 李云鹤．企业成长、管理者代理与公司资本配置效率 [J]．系统管理学报，2014，23（6）：788-796.

[32] 李增泉．激励机制与企业绩效：一项基于上市公司的实证研究 [J]．会计研究，2000（1）：24-30.

[33] 连玉君，程建．投资——现金流敏感性：融资约束还是代理成本？ [J]．财经研究，2007，33（2）：37-46.

[34] 刘柏，梁超．管理者层级差异的过度自信对企业投资决策的影响研究 [J]．管理学报，2016，13（11）：1614-1623.

[35] 刘怀珍，欧阳令南．经理私人利益与过度投资 [J]．系统工程理论与实践，2004，24（10）：44

[36] 刘绍娓，万大艳．高管薪酬与公司绩效：国有与非国有上市公司的实证比较研究 [J]．中国软科学，2013（2）：90-101.

[37] 刘星，代彬，郝颖．高管控制权、资本扩张与企业财务风险——来自国有上市公司的经验证据 [C]．中国会计学会2011学术年会论文集，2011（5）：20-30.

[38] 刘星，徐光伟．政府管制、管理层权力与国企高管薪酬刚性 [J]．经济科学，2012，34（1）：86-102.

[39] 卢锐，魏明海，黎文靖．管理层权力、在职消费与产权效率 [J]．南开管理评论，2008，11（5）：85-92.

［40］卢馨，张乐乐，李慧敏，等．高管团队背景特征与投资效率——基于高管激励的调节效应研究［J］．审计与经济研究，2017，32（2）：66 - 77.

［41］罗富碧，冉茂盛，杜家廷．高管人员股权激励与投资决策关系的实证研究［J］．会计研究，2008（8）：69 - 76.

［42］罗红霞，李红霞，刘璐．公司高管个人特征对企业绩效的影响——引入中介变量：投资效率［J］．经济问题，2014（1）：110 - 114.

［43］罗琦，李辉．企业生命周期、股利决策与投资效率［J］．经济评论，2015（2）：115 - 125.

［44］吕长江，张海平．股权激励计划对公司投资行为的影响［J］．管理世界，2011（11）：118 - 126.

［45］吕长江，赵宇恒．国有企业管理者激励效应研究——基于管理层权力的解释［J］．管理世界，2008（11）：99 - 109.

［46］梅丹．我国上市公司固定资产投资规模财务影响因素研究［J］．管理科学，2005，18（5）：80 - 86.

［47］欧佩玉，孙俊勤．EVA 考核对中央企业非效率投资的影响［J］．经济管理，2018（5）：5 - 20.

［48］潘敏，金岩．信息不对称、股权制度安排与上市企业过度投资［J］．金融研究，2003（1）：36 - 45.

［49］屈文洲，谢雅璐，叶玉妹．信息不对称、融资约束与投资—现金流敏感性——基于市场微观结构理论的实证研究［J］．经济研究，2011（6）：105 - 117.

［50］权小锋，吴世农，文芳．管理层权力、私有收益与薪酬操纵［J］．经济研究，2010（11）：73 - 87.

［51］权小锋，吴世农．CEO 权力强度、信息披露质量与公司业绩的波动性——基于深交所上市公司的实证研究［J］．南开管理评论，2010（4）：142 - 153.

［52］饶育蕾，王颖，王建新．CEO 职业生涯关注与短视投资关系的实证研究［J］．管理科学，2012，25（5）：30 - 40.

［53］沈小燕，王跃堂．薪酬委员会设立、产权性质与高管薪酬［J］．

北京工商大学学报（社会科学版），2015，30（5）：53-65.

［54］石大林，路文静．管理者权力、投资机会与公司非投资效率间的动态关系——基于动态面板 System GMM 模型的实证研究［J］．金融纵横，2014（5）：62-70.

［55］孙晓华，李明珊．国有企业的过度投资及其效率损失［J］．中国工业经济，2016（10）：109-125.

［56］谭庆美，李敏．管理层权力对过度投资影响的实证研究［J］．武汉理工大学学报（信息与管理工程版），2014（4）：571-575.

［57］唐清泉，朱瑞华，甄丽明．我国高管人员报酬激励制度的有效性——基于沪深上市公司的实证研究［J］．当代经济管理，2008，30（2）：59-65.

［58］唐清泉，徐欣，曹媛．股权激励、研发投入与企业可持续发展［J］．山西财经大学学报，2009（8）：77-84.

［59］唐雪松，郭建强．基于自由现金流代理成本假说的投资行为研究［J］．证券市场导报，2007（4）：62-68.

［60］王嘉歆，黄国良，高燕燕．企业生命周期视角下的 CEO 权力配置与投资效率分析［J］．软科学，2016，30（2）：79-82.

［61］王嘉歆，黄国良．高管个体特征、薪酬外部不公平性与非效率投资——基于嫉妒心理视角的研究［J］．山西财经大学学报，2016，38（6）：75-87.

［62］王克敏，刘静，李晓溪．产业政策、政府支持与公司投资效率研究［J］．管理世界，2017（3）：113-124.

［63］王克敏，王志超．高管控制权、报酬与盈余管理——基于中国上市公司的实证研究［J］．管理世界，2007（7）：111-119.

［64］王茂林，何玉润，林慧婷．管理层权力、现金股利与企业投资效率［J］．南开管理评论，2014，17（2）：13-22.

［65］王霞，张敏，于富生．管理者过度自信与企业投资行为异化——来自我国证券市场的证据［J］．南开管理评论，2008，11（2）：77-83.

［66］王彦超．融资约束、现金持有与过度投资［J］．金融研究，2009（7）：121-133.

［67］王艳，孙培源，杨忠直．经理层过度投资与股权激励的契约模型研究［J］．中国管理科学，2005（1）：127–131．

［68］王颖．基于经理人职业生涯关注的上市公司非理性投资行为研究［D］．中南大学，2012（12）：73–99．

［69］王治，张皎洁，郑琦．内部控制质量、产权性质与企业非效率投资——基于我国上市公司面板数据的实证研究［J］．管理评论，2015，27（9）：95–107．

［70］魏刚．高级管理层激励与上市公司经营绩效［J］．经济研究，2000（3）：32–39．

［71］吴文锋，吴冲锋，刘晓薇．中国民营上市公司高管的政府背景与公司价值［J］．经济研究，2008（7）：130–141．

［72］夏宁，邱飞飞．机构投资者持股、管理者权力与非效率投资［J］．南京审计学院学报，2016（2）：12–20．

［73］谢珺，张越月．基于CEO职业生涯关注的中国上市公司重组行为研究［J］．山西财经大学学报，2015，37（6）：82–90．

［74］辛清泉，谭伟强．市场化改革、企业业绩与国有企业经理薪酬［J］．经济研究，2009（11）：68–81．

［75］辛清泉，林斌，王彦超．政府控制、经理薪酬与资本投资［J］．经济研究，2007（8）：110–121．

［76］辛清泉，谭伟强．市场化改革、企业业绩与国有企业经理薪酬［J］．经济研究，2009（11）：68–81．

［77］徐光伟，刘星．基于内生视角的高管薪酬激励与公司资本投资研究［J］．上海经济研究，2014（5）：56–65．

［78］杨慧辉，潘飞，奚玉芹．直接控股股东类型、股权激励对国有企业投资效率的影响［J］．山西财经大学学报，2016，38（1）：78–88．

［79］杨清香，俞麟，胡向丽．不同产权性质下股权结构对投资行为的影响——来自中国上市公司的经验证据［J］．中国软科学，2010（7）：142–150．

［80］杨蓉．规范垄断行业企业高管薪酬问题研究［M］．上海：华东师范大学出版社，2014：1–210．

[81] 杨兴全，张丽平，吴昊旻．市场化进程、管理层权力与公司现金持有 [J]．南开管理评论，2014，17 (2)：34 – 45.

[82] 喻坤，李治国，张晓蓉，等．企业投资效率之谜：融资约束假说与货币政策冲击 [J]．经济研究，2014 (5)：106 – 120.

[83] 詹雷，王瑶瑶．管理层激励、过度投资与企业价值 [J]．南开管理评论，2013，16 (3)：36 – 46.

[84] 张必武，石金涛．董事会特征、高管薪酬与薪绩敏感性——中国上市公司的经验分析 [J]．管理科学，2005，18 (4)：32 – 39.

[85] 张纯，吕伟．信息披露、信息中介与企业过度投资 [J]．会计研究，2009 (1)：60 – 65.

[86] 张功富，宋献中．我国上市公司投资：过度还是不足？——基于沪深工业类上市公司非效率投资的实证度量 [J]．会计研究，2009 (5)：69 – 77.

[87] 张功富．企业的自由现金流量全部用于过度投资了吗——来自中国上市公司的经验证据 [J]．经济与管理研究，2007 (6)：11 – 16.

[88] 张会丽，陆正飞．现金分布、公司治理与过度投资——基于我国上市公司及其子公司的现金持有状况的考察 [J]．管理世界，2012 (3)：141 – 150.

[89] 张俊瑞，赵进文，张建．高级管理层激励与上市公司经营绩效相关性的实证分析 [J]．会计研究，2003 (9)：29 – 34.

[90] 张丽平，杨兴全．管理者权力、管理层激励与过度投资 [J]．软科学，2012 (10)：107 – 112.

[91] 张庆君，蒋瑶，李萌．所有权结构、股权激励与非效率投资——基于京津冀上市公司数据的分析 [J]．审计与经济研究，2018 (4)：96 – 104.

[92] 张兴亮，夏成才．信息透明度对公司过度投资与融资约束的影响研究 [J]．经济与管理研究，2011 (8)：39 – 49.

[93] 赵纯祥，张敦力．市场竞争视角下的管理层权力和企业投资关系研究 [J]．会计研究，2013 (10)：67 – 74.

[94] 赵西卜，王放，李哲．央企高管的职业生涯关注与投资效率——

来自反腐风暴背景下的经验证据［J］. 经济理论与经济管理, 2015, 35 (12)：78 - 93.

［95］赵息, 许宁宁. 管理层权力、机会主义动机与内部控制缺陷信息披露［J］. 审计研究, 2013 (4)：101 - 109.

［96］支晓强, 童盼. 管理层业绩报酬敏感度、内部现金流与企业投资行为——对自由现金流和信息不对称理论的一个检验［J］. 会计研究, 2007 (10)：73 - 81.

［97］仲伟周, 段海艳. 基于董事个体态度和行为的董事会效率研究［J］. 管理世界, 2008 (4)：177 - 178.

［98］周仁俊, 杨战兵, 李礼. 管理层激励与企业经营业绩的相关性——国有与非国有控股上市公司的比较［J］. 会计研究, 2010 (12)：69 - 75.

［99］Adams R B, Almeida H, Ferreira D. Powerful CEOs and Their Impact on Corporate Performance ［J］. Review of Financial Studies, 2005, 18 (4)：1403 - 1432.

［100］Adams R B, Ferreira D. A Theory of Friendly Boards ［J］. Journal of Finance, 2007, 62 (1)：217 - 250.

［101］Aggarwal R K, Samwick A A. Empire-builders and shirkers：Investment, firm performance, and managerial incentives ［J］. Journal of Corporate Finance, 2006, 12 (3)：489 - 515.

［102］Aggarwal R K, Samwick A A. Executive Compensation, Strategic Competition, and Relative Performance Evaluation：Theory and Evidence ［J］. Journal of Finance, 1999, 54 (6)：1999 - 2043.

［103］Avery C N, Chevalier J A. Herding over the career ［J］. Economics Letters, 1999, 63 (3)：327 - 333.

［104］Bantel K A, Jackson S E. Top Management and Innovations in Banking：Does the Composition of the Top Team Make a Difference? ［J］. Strategic Management Journal, 1989, 10 (S1)：107 - 124.

［105］Barker V L, Mueller G C. CEO Characteristics and Firm R&D Spending ［J］. Management Science, 2002, 48 (6)：782 - 801.

［106］Bebchuk L A, Fried J M. Pay Without Performance ［J］. Business

Ethics Quarterly, 2004, 20 (3): 5 – 24.

[107] Bebchuk L, Fried J M, Walker D I. Managerial Power and Rent Extraction in the Design of Executive Compensation [J]. University of Chicago LawReview, 2002 (69): 751 – 846.

[108] Bebchuk L, Fried J. Executive Compensation as an Agency Problem [J]. Journal of Economics Perspective, 2003, 17 (3): 71 – 92.

[109] Bergstresser D, Philippon T. CEO incentives and earnings management [J]. Journal of Financial Economics, 2006, 80 (3): 511 – 529.

[110] Bertrand M and Mullainathan S. Enjoying the Quiet Life? Corporate Governance and Managerial Preferences [J]. Journal of Political Economy, 2003 (111): 1043 – 1075.

[111] Bertrand M, Mullainathan S. Are CEOs Rewarded for Luck? The Ones without Principles Are [J]. Quarterly Journal of Economics, 2001, 116 (3): 901 – 932.

[112] Brito J A, John K. Leverage and Growth Opportunities: Risk Avoidance Induced by Risky Debt [R]. New York University Working Paper, 2002.

[113] Broussard J P, Buchenroth S A, Pilotte E A. CEO Incentives, Cash Flow, and Investment [J]. Financial Management, 2004, 33 (2): 51 – 70.

[114] Brown R, Sarma N. CEO overconfidence, CEO dominance and corporate acquisitions [J]. Journal of Economics and Business, 2007, 59 (5): 358 – 379.

[115] Chen Y. Career Concerns, Project Choice, and Signaling [J]. Ssrn Electronic Journal, 2009 (12).

[116] Coase R H. The Nature of the Firm [J]. Econometrica, 1937, 4 (16): 386 – 405.

[117] Conyon M J, Murphy K J. The Prince and the Pauper? CEO Pay in the United States and United Kingdom. [J]. Economic Journal, 2000, 110 (467): 640 – 671.

[118] Datta S, Iskandar K. Executive Compensation and Corporate Acquisition Decisions [J]. Journal of Financial Economics, 2011, 11 (3): 329 – 359.

［119］ Dyck A, Zingales L. Control Premiums and the Effectiveness of Corporate Governance Systems ［J］. Journal of Applied Corporate Finance, 2004, 16 (2 – 3): 51 – 72.

［120］ Dyck A, Zingales L. Private Benefits of Control: An International Comparison ［J］. Journal of Finance, 2004, 59 (2): 537 – 600.

［121］ Fahlenbrach R. Shareholder Rights, Boards, and CEO Compensation ［J］. Working Paper, 2009, 13 (1): 81 – 113.

［122］ Fama E F, Jensen M C. Agency Problems and Residual Claims ［J］. Journal of Law and Economics, 1983, 26 (2): 327 – 349.

［123］ Fama E F. Agency Problems and the Theory of the Firm ［J］. Journal of Political Economy, 1980, 88 (2): 288 – 307.

［124］ Fazzari S M, Hubbard R G, Petersen B C, et al. Financing Constraints and Corporate Investment ［J］. Brookings Papers on Economic Activity, 1988 (1): 141 – 206.

［125］ FINKELSTEIN S. Power in Top Management Teams: Dimensions, Measurement and Vali-dation ［J］. The Academy of Management Journal, 1992, 35 (3): 505 – 538.

［126］ Fischer Black, Myron Scholes. The Pricing of Options and Corporate Liabilities ［J］. Journal of Political Economy, 1973, 81 (3): 637 – 654.

［127］ Forbes D P. Are Some Entrepreneurs More Overcofident than Others? ［J］ Joumal of Business Venturing. 2005, 20 (5): 623 – 640.

［128］ Frésard L, Salva C. The value of excess cash and corporate governance: Evidence from US cross-listings ［J］. Journal of Financial Economics, 2010, 98 (2): 359 – 384.

［129］ Gibbons R, Murphy K J. Optimal Incentive Contracts in the Presence of Career Concerns: Theory and Evidence ［J］. Working Papers, 2004, 100 (3): 468 – 505.

［130］ Graham J R, Harvey C R, Rajgopal S. The economic implications of corporate financial reporting ［J］. Journal of Accounting and Economics, 2004, 40 (1): 3 – 73.

[131] Grinstein Y, Hribar P. CEO compensation and incentives: Evidence from M&A bonuses [J]. Journal of Financial Economics, 2004, 73 (1): 119 – 143.

[132] Grundy B D, Li H. Investor sentiment, executive compensation, and corporate investment [J]. Journal of Banking and Finance, 2010, 34 (10): 2439 – 2449.

[133] Hall B J, Liebman J B. Are CEOS Really Paid Like Bureaucrats? [J]. Quarterly Journal of Economics, 1998, 113 (3): 653 – 691.

[134] Hall B J, Murphy K J. Stock options for undiversified executives [J]. Nber Working Papers, 2002, 33 (1): 3 – 42.

[135] Hambrick D C, Finkelstein S. The effects of ownership structure on conditions at the top: The case of CEO pay raises [J]. Strategic Management Journal, 1995, 16 (3): 175 – 193.

[136] Hambrick D C, Mason P A. Upper Echelons: The Organization as a Reflection of Its Top Managers [J]. The Academy of Management Review, 1984, 9 (2): 193 – 206.

[137] Hayward M L A, Hambrick D C. Explaining the premiums paid for large acquisitions: Evidence of CEO hubris. [J]. Administrative Science Quarterly, 1997, 42 (1): 103 – 127.

[138] Heaton J B. Managerial Optimism and Corporate Finance [J]. Financial Management, 2002, 31 (2): 33 – 45.

[139] Heinkel R, Zechner J. The Role of Debt and Preferred Stock as a Solution to Adverse Investment Incentives [J]. Journal of Financial and Quantitative Analysis, 1990, 25 (1): 1 – 24.

[140] Hemmer T, Matsunaga S, Shevlin T. The influence of risk diversification on the early exercise of employee stock options by executive officers [J]. Journal of Accounting and Economics, 1996, 21 (1): 45 – 68.

[141] Holmstrom B, Weiss L. Managerial Incentives, Investment and Aggregate Implications: Scale Effects [J]. Review of Economic Studies, 1985, 52 (3): 403 – 425.

［142］ Holmstrom B. Moral Hazard and Observability ［J］. Bell Journal of Economics, 1979, 10 (1): 74 – 91.

［143］ Holmstrom B. Managerial incentive problems: A dynamic perspective ［J］. Review of Economic Studies, 1999, 66 (1): 169 – 182.

［144］ Hovakimian G, Titman S. Corporate Investment with Financial Constraints: Sensitivity of Investment to Funds from Voluntary Asset Sales ［J］. Journal of Money Credit and Banking, 2006, 38 (2): 357 – 374.

［145］ Ittner C D, Larcker D F. Assessing empirical research in managerial accounting: a value-based management perspective ［J］. Journal of Accounting and Economics, 2001, 32 (1): 349 – 410.

［146］ Jensen M C, Murphy K J. Performance Pay and Top-Management Incentives ［J］. Journal of Political Economy, 1990, 98 (2): 225 – 264.

［147］ Jensen M C, Murphy K J. CEO incentives: it's not how much you pay, but how ［J］. Harv Bus Rev, 1990, 68 (3): 138 – 149.

［148］ Jensen M, Meckling W. Theory of the Firm: Managerial Behavior, Agency Costs and Ownership Structure ［J］. Journal of Financial Economics, 1976 (4): 305 – 360.

［149］ Jensen M, Meckling W. Agency Costs of Free Cash Flow, Corporate Finance, and Takeovers ［J］. American Economic Review, 1986 (76): 323 – 329.

［150］ Jensen M, Meckling W. The Modern Industrial Revolution, Exit and the Failure of Internal Control Systems ［J］. Journal of Finance 1993 (48): 831 – 880.

［151］ Jorgenson D W. Capital Theory and Investment Behavior ［J］. American Economic Review, 1963, 53 (2): 247 – 259.

［152］ Kini O, Williams R. Tournament incentives, firm risk, and corporate policies ［J］. Journal of Financial Economics, 2012, 103 (2): 350 – 376.

［153］ Lambert R A, Larcker D F. An Analysis of the use of Accounting and Market Measures of Performance in Executive Compensation Contracts ［J］. Journal of Accounting Research, 1987, 25 (3): 85 – 125.

［154］ Lambert R A. Executive Effort and Selection of Risky Projects ［J］.

Rand Journal of Economics, 2000, 17 (1): 77 – 88.

[155] Leone A J, Wu J S, Zimmerman J L. Asymmetric sensitivity of CEO cash compensation to stock returns [J]. Journal of Accounting and Economics, 2006, 42 (1 – 2): 167 – 192.

[156] Li X, Low A, Makhija A K. Career concerns and the busy life of the young CEO [J]. Journal of Corporate Finance, 2017, , 47 (12): 88 – 109.

[157] Lin Y, Hu S, Chen M. Managerial optimism and corporate investment: Some empirical evidence from Taiwan [J]. Pacific-Basin Finance Journal, 2005, 13 (5): 523 – 546.

[158] Liu Y, Jiraporn P. The effect of CEO power on bond ratings and yields [J]. Journal of Empirical Finance, 2010, 17 (4): 744 – 762.

[159] Lundstrum L L. Corporate Investment Myopia: a Horserace of the Theories [J]. Journal of Corporate Finance, 2002, 8 (4): 353 – 371.

[160] Mackey A. The Effect of CEOs on Firm Performance [J]. Strategic Management Journal, 2008, 29 (12): 1357 – 1367.

[161] Malmendier U, Tate G. CEO overconfidence and corporate investment [J]. Journal of Finance, 2005, 60 (6): 2661 – 2700.

[162] March J G, Shapira Z. Managerial perspectives on risk and risk taking [J]. Management Science, 1987, 33 (11): 1404 – 1418.

[163] March J G, Easton D. The power of power [J]. Classics of Organization Theory, 1966: 39 – 70.

[164] Mehran H. Executive compensation structure, ownership, and firm performance [J]. Journal of Financial Economics, 1995, 38 (2): 163 – 184.

[165] Modigliani F, Miller M H. The Cost of Capital, Corporation Finance and the Theory of Investment [J]. The American Economic Review, 1958, 48 (3): 261 – 297.

[166] Morgado A, Pindado J. The Underinvestment and Overinvestment Hypotheses: an Analysis Using Panel Data [J]. European Financial Management, 2003, 9 (2): 163 – 177.

[167] Morse A, Nanda V, Seru A. Are Incentive Contracts Rigged by Pow-

erful CEOs? [J]. Journal of Finance, 2011, 66 (5): 1779 – 1821.

[168] Murphy K J. Corporate performance and managerial remuneration: An empirical analysis [J]. Journal of Accounting and Economics, 1985, 7 (1): 11 – 42.

[169] Myers S C, Majluf N S. Corporate financing and investment decisions when firms have information that investors do not have [J]. Journal of Financial Economics, 1984, 13 (2): 187 – 221.

[170] Myers S C. Determinants of corporate borrowing [J]. Journal of Financial Economics, 1977, 5 (2): 147 – 175.

[171] Nam J, Wang J, Zhang G. Managerial Career Concerns and Risk Management [J]. Journal of Risk and Insurance, 2008, 75 (3): 785 – 809.

[172] Narayanan M P. Managerial incentives for short-term results [J]. The Journal of Finance, 1985, 40 (5): 1469 – 1484.

[173] Naveen L. Organizational Complexity and Succession Planning [J]. Journal of Financial and Quantitative Analysis, 2006, 41 (3): 661 – 683.

[174] Newman H, Mozes H. Does the Composition of the Compensation Committee Influence CEO Compensation Practices? [J]. Financial Management, 1999, 28 (3): 41 – 53.

[175] Noe T H, Rebello M J. Renegotiation, Investment Horizons, and Managerial Discretion. [J]. Journal of Business, 1997, 70 (3): 385 – 407.

[176] Parrino R, Poteshman A M, Weisbach M S. Measuring Investment Distortions when Risk-Averse Managers Decide Whether to Undertake Risky Projects [J]. Financial Management, 2005, 34 (1): 21 – 60.

[177] Pathan, S. Strong Boards, CEO Power and Bank Risk-taking [J]. Journal of Banking and Finance, 2009, 33 (7): 1340 – 1350.

[178] Pfeffer J. Power in Organizations [J]. Journal of Policy Analysis and Management, 1982, 2 (3): 307 – 8.

[179] Prendergast C, Stole L. Impetuous Youngsters and Jaded Old-Timers: Acquiring a Reputation for Learning [J]. Journal of Political Economy, 1996, 104 (6): 1105 – 1134.

[180] RABE W F. Managerial Power [J]. Califomia Management Review, 1962, 4 (3): 31 - 39.

[181] Radner R. Monitoring Cooperative Agreements in a Repeated Principal-Agent Relationship [J]. Econometrica, 1981, 49 (5): 1127 - 1148.

[182] RAJAN R G and WULF J. Are Perks Purely Managerial Excess? [J]. Journal of Financial Economics, 2006, 79 (1): 1 - 33.

[183] Richardson S. Over-investment of free cash flow [J]. Review of Accounting Studies, 2006, 11 (2): 159 - 189.

[184] Roll R. The Hubris Hypothesis of Corporate Takeovers [J]. Journal of Business, 1986, 59 (2): 197 - 216.

[185] ROSS S. The Economic Theory of Agency: The Principal's Problem [J]. American Economic Review, 1973 (63): 134 - 139.

[186] Serfling M A. CEO age and the riskiness of corporate policies [J]. Journal of Corporate Finance, 2014, 25 (2): 251 - 273.

[187] Shleifer A, Vishny R W. Management entrenchment: The case of manager-specific investments [J]. Journal of Financial Economics, 1989, 25 (1): 123 - 139.

[188] Smith C W, Stulz R M. The Determinants of Firms' Hedging Policies [J]. Journal of Financial and Quantitative Analysis, 1985, 20 (4): 391 - 405.

[189] Stulz R. Managerial discretion and optimal financing policies [J]. Journal of Financial Economics, 1990, 26 (1): 3 - 27.

[190] Vogt S C. The Cash Flow, Investment Relationship: Evidence from U. S. Manufacturing Firms [J]. Financial Management, 1994, 23 (2): 3 - 20.

[191] Xuan Y. Empire-Building or Bridge-Building? Evidence from New CEOs' Internal Capital Allocation Decisions [J]. Review of Financial Studies, 2009, 22 (12): 4919 - 4948.

[192] Yim S. The acquisitiveness of youth: CEO age and acquisition behavior [J]. Journal of Financial Economics, 2013, 108 (1): 250 - 273.

[193] Zhang L. CEO Career Concerns and Corporate Policy [J]. Ssrn Electronic Journal, 2009.